全本对照——经典碑帖临写辅导

欧阳询九成宫醴泉铭

程峰 编著

上海书画出版社

图书在版编目(CIP)数据

欧阳询九成宫醴泉铭/程峰编著. --上海:上海书画出版社,2016.8

(全本对照:经典碑帖临写辅导)

ISBN 978-7-5479-1249-2

Ⅰ. ①欧… Ⅱ. ①程… Ⅲ. ①毛笔字-楷书-中小学-法帖 Ⅳ. ①G634.955.3

中国版本图书馆CIP数据核字(2016)第150545号

欧阳询九成宫醴泉铭

全本对照——经典碑帖临写辅导

程峰 编著

责任编辑 张恒烟 李剑锋
责任校对 周倩芸
封面设计 王 峥
技术编辑 包赛明

出版发行 上海世纪出版集团
上海书画出版社
地址 上海市延安西路593号 200050
网址 www.ewen.co
www.shshuhua.com
E-mail shcpph@163.com
制版 上海文高文化发展有限公司
印刷 上海画中画包装印刷有限公司
经销 各地新华书店
开本 889×1194 1/16
印张 5.75
版次 2016年8月第1版 2018年9月第2次印刷

书号 ISBN 978-7-5479-1249-2
定价 36.00元

目录 Contents

总纲

书法是中国的国粹，是世界艺术的瑰宝之一，历来深受人们的喜爱。在中国古代，用毛笔书写以实用为主，经过一代代书法家们对美的追求和探索，薪火传承，不断创造，书写升华为一门博大精深的书法艺术。

书法的技法内容很多，其中最核心的内容当数“笔法”。初学“笔法”，主要要求掌握“执笔法”和“用笔法”。

一、执笔法

在实践中被人们广泛接受的执笔方法，是由沈尹默先生诠释的“执笔五字法”。即用“擫”、“押”、“勾”、“格”、“抵”五个字来说明五个手指在执笔中的作用。（见图）

擫：是指大拇指由内向外顶住笔杆，就像吹箫时按住后面的箫孔一样。

押：是指食指由外向内贴住笔杆，和拇指相配合，基本固定住笔杆。

勾：是指中指由外向内勾住笔杆，加强食指的力量。

格：是指无名指爪肉处从右下向左上顶住笔杆。

抵：是指小指紧贴无名指，以增加无名指的力量。

如上所述，五个手指各司其职，将圆柱体的笔杆牢牢地控制在手中，各个手指的力从四面八方汇向圆心，执笔自然坚实稳定，便于挥运。

执笔的要领是指实掌虚，腕平掌竖。这里特别要提醒的是，随着书写姿式（如坐姿和立姿）的变化，手腕的角度和大拇指的角度应该作相应的调整。

二、用笔法

用笔，又叫运笔，是“笔法”中最为重要的核心内容，它直接影响到书写的质量。

（一）中锋、侧锋、偏锋

一般来说，在书写中笔尖的位置有三种状态，即“中锋”、“侧锋”、“偏锋”。

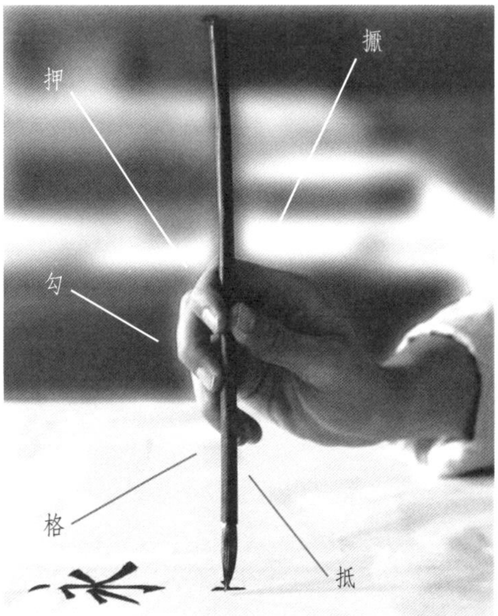

执笔示意

“中锋”：主锋的方向和运动的方向相反，呈 180 度，令笔心在笔画的中线上行走，而笔身要保持挺立之状。

“侧锋”：起笔时逆势切入，运笔时笔毫斜铺，笔尖方向和运动方向处于 90 度到 180 度之间，呈夹角，而收笔结束时回复到中锋状态。

“偏锋”：笔尖的方向和运动的方向成直角（90 度）。

用中锋和侧锋写出的线条具有立体感和感染力。用偏锋写出的线条扁平浮薄、墨不入纸，是病态的，应该绝对摒弃。古人总结出用笔的规律，提倡“中侧并用”，就是这个道理。

（二）起笔、运笔和收笔

每一个点画都包含起、运、收三部分。所以掌握正确的起笔、运笔、收笔方法十分重要。

1. 起笔

起笔又叫发笔、下笔，它的基本形状无非方、圆、藏、露四种。起笔的基本方法有三种，即“尖头起笔”、“方头起笔”、“圆头起笔”。

尖头起笔（露锋）

方头起笔（露锋、藏锋皆可）

圆头起笔（藏锋）

2. 运笔

运笔部分即笔画的中截，又称“中间走笔”。

运笔的第一个要求是始终保持中锋或侧锋。要做到这点就离不开调锋。调锋的目的，就是使笔尖调整到中锋或侧锋的位置。

调锋的手段有三种：

一是提按动作，通过上下垂直的运动使笔尖达到理想的位置。

二是衄挫动作，通过平面的挫动，使笔尖达到理想的位置。

三是兜圈动作，通过顺时针或逆时针方向的转动，使笔尖达到理想的位置。

运笔的第二个要求是涩行。笔锋和纸面相抵产生一种相争、对抗，即在运笔的过程中要有摩擦力，古人生动地比喻为“逆水行舟”和“中流荡桨”，这样写出的笔画才浑厚凝重。切忌平拖滑行。

3. 收笔

笔画结束，一定要回锋收笔，如遇出锋的笔画，如钩、撇、捺等，也要有收的意识，即“空收”。古人说“无垂不缩，无往不收”，言简意赅地阐明了收笔的重要性。收笔回锋有两个作用：一是使笔尖由弯曲还原成直立，使点画起讫分明；二是不论藏锋还是露锋，收笔必须过渡到下一笔画的起笔。

第一讲

基本笔画及变化——横竖撇捺

横、竖、撇、捺、点、钩、折、挑八个基本点画是构成汉字的重要元素。

一、横

“永字八法”中称“横”为“勒”，如勒马用缰。晋卫夫人《笔阵图》曰：“横如千里阵云。”起笔要注意是方笔或圆笔，运笔做到中锋逆势、圆润劲挺，收笔做到饱满且自然。

欧阳询《九成宫醴泉铭》的横画最常见的变化有：长横、短横、左尖横、右尖横等。

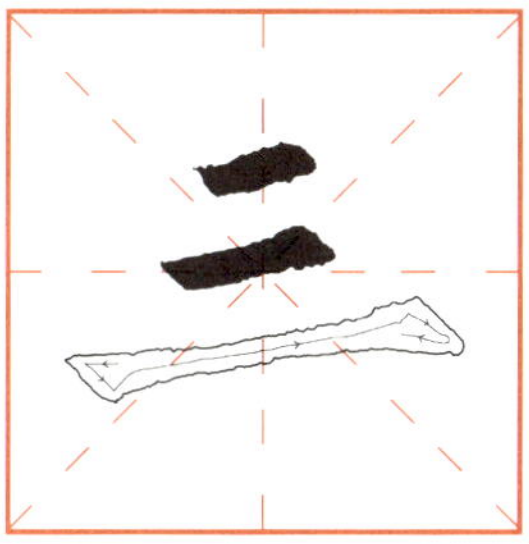

基本写法

起笔：逆锋起笔，右下作顿；

运笔：调整中锋，往右横出；

收笔：提笔上昂，下顿回收。

小提示

1. 楷书横画不是水平的，略有左低右高之势；
2. 横画要注意“长短”、“粗细”、“弯度”、“斜度”等方面变化，临写时要注意观察；
3. 左尖横的起笔、右尖横的收笔，并非虚尖。

二、竖

“永字八法”中称“竖”为“努”。卫夫人《笔阵图》曰：“竖如万岁枯藤。”作竖法妙在直中求曲，曲中求直，如力士之挺举千斤之物，凸胸含腰，有曲线之美。

欧阳询《九成宫醴泉铭》的竖画最常见的有：垂露竖、悬针竖、短中竖、上细竖、左弧竖、右弧竖。

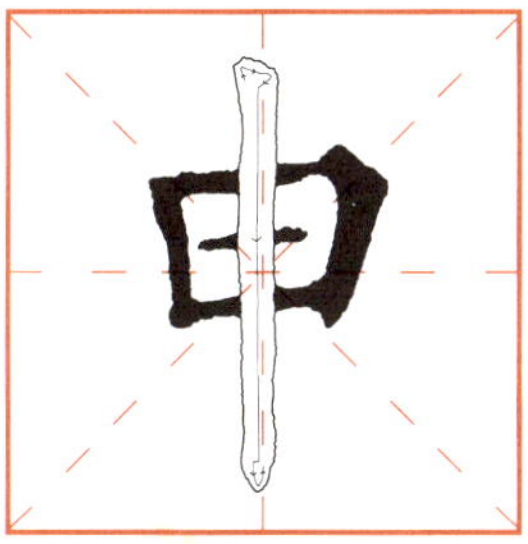

基本写法

起笔：逆锋起笔，右下作顿；

运笔：调整中锋，往下作竖；

收笔：提笔上回，下顿收笔；（垂露）

收笔：渐提渐收，力送笔尖。（悬针）

小提示

1. 竖画多“直中见曲”，以显示弹性与力度；
2. 垂露竖收笔圆劲饱满，而且要做到自然；欧体中的悬针竖使用较少，悬针竖勿太尖锐，要稍含蓄一些。

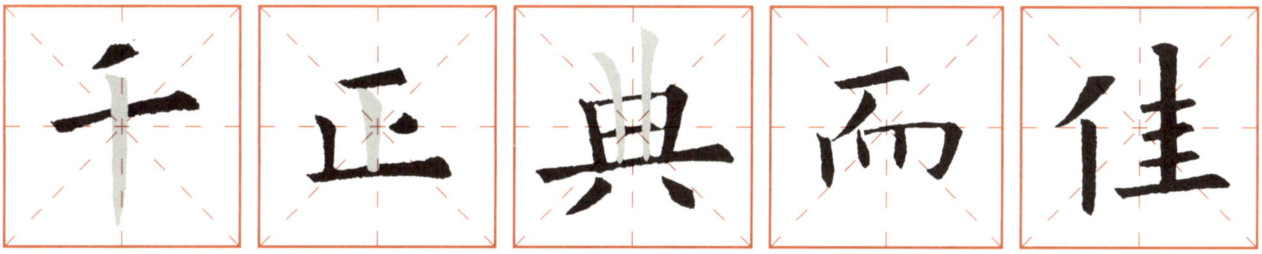

三、撇

“永字八法”中称“短撇”为“啄”，长撇为“掠”。卫夫人《笔阵图》曰：“撇如陆断犀象。”写撇时应爽快干脆，出锋切忌虚尖。长撇要婉转舒畅，遒劲有力；短撇力聚锋尖，尖锐饱满。

欧阳询《九成宫醴泉铭》的撇常见的有：短撇、平撇；长撇、竖撇、兰叶撇、回锋撇等。

基本写法

起笔：逆锋起笔，右下作顿；

运笔：调整中锋，左下力行；

收笔：渐提渐收，力送笔尖。

小提示

❶ 欧体的短撇大多略带弯，长撇在字中有时充当主笔作支撑作用；

❷ 撇在于长短、粗细、方向、起收笔等方面变化；

❸ 单字中若遇多个撇画，须有参差变化，避免雷同。

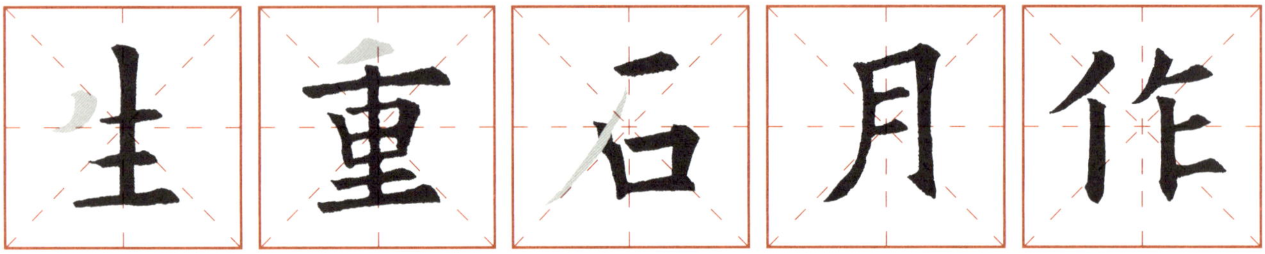

四、捺

“永字八法”中称“捺”为“磔”。卫夫人《笔阵图》曰：“捺如崩浪雷奔。”写捺画时，逆锋起笔，调锋后再朝右下行笔，并由细渐粗，笔毫逐步铺开，至捺角处驻锋顿笔，捺出时挫动笔锋，边走边调，边调边提，调整中锋后迅速出锋，并作空收。

欧阳询《九成宫醴泉铭》的捺常见的有：斜捺、侧捺、平捺、反捺等。

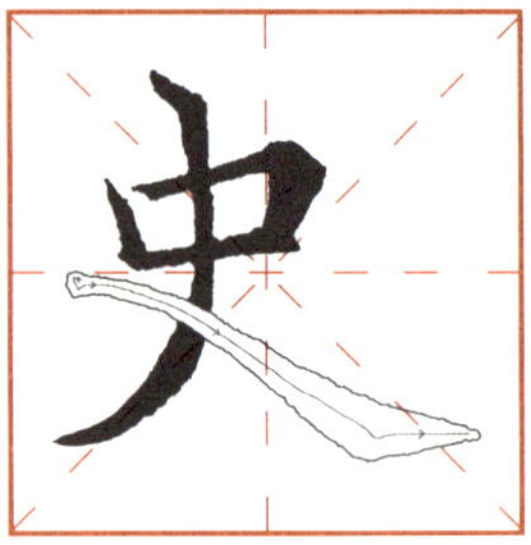

基本写法

起笔：逆锋起笔，左下作顿；

运笔：转笔缓行，由细渐粗；

收笔：下顿右捺，渐提渐收。

小提示

❶ 捺往往是一字中的主笔，要写得较粗壮、饱满、有力、舒展，一波而三折；

❷ 斜捺往往与左撇配合呼应，平捺称之为“横波”，如水波之起伏；

❸ 凡一字有两捺者，通常其中一个捺用反捺。

五、拓展：正言　有信　书道　求是

临习要点

左边的4组两字词，我们可以尝试临摹与创作。

临习时，我们要注意灵活应用所学到的知识。如这些字中有许多横，哪些是短横、长横、左尖横？“正”、“言”、“有”、“信”、“书”、“是”六个字都有长横，有哪些变化？“书”一个字有两个长横，怎样处理？又如竖的位置在字的左、中、右，是否有变化规律可循？“道”、“求”、“是”三字的捺画各有什么特点？

创作提示

尝试创作时，要将两个字的关系处理好。如“正言”或“有信”两字不能写得太呆板；“求是”两字要注意整体协调，变化中求稳健。以下幅式仅供参考。

幅式参考

扇面

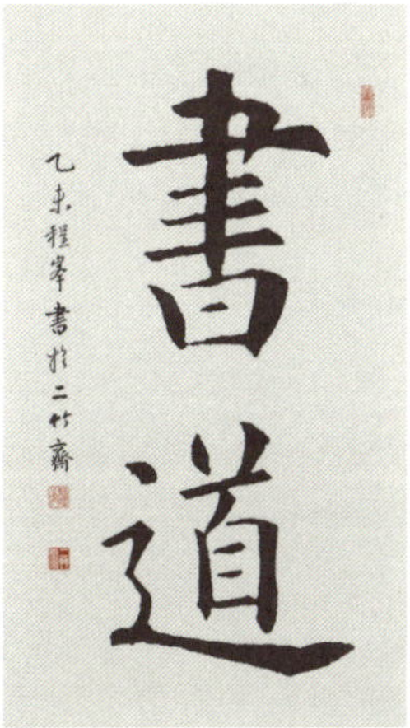

中堂

第二讲
基本笔画及变化——折钩提点

一、折

“永字八法”中无折法，但实际习用甚繁并极其重要。卫夫人《笔阵图》曰：“折如劲弩筋节。”初学颜体楷书折法，可先以横折为例，其用笔要纵横相联，横细竖粗，吻合紧密，转角自然。

欧阳询《九成宫醴泉铭》的横折常见的有：高横折、扁横折。其他折有：竖折、撇折等。

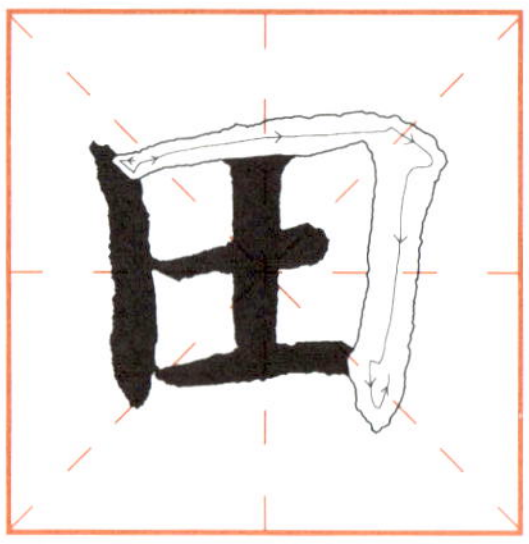

基本写法

起笔：逆锋起笔，往下作顿；
运笔：调整中锋，往右横出；
转折：提笔上昂，右下作顿；
运笔：调整中锋，往下作竖；
收笔：提笔上昂，下顿收笔。

小提示

❶ 欧体横折，折处注意方圆结合；
❷ 高横折的折画须直，扁横折的折画往里斜，相应的左竖与之呼应。

二、钩

“永字八法”中称“钩”为“趯”。卫夫人《笔阵图》曰：“钩如百钧弩发。”作钩时应充分利用笔毫斜铺，蹲锋得势而出，要力聚锋尖，贵在尖锐饱满，切忌虚尖浮露，力量速度要恰到好处。

欧阳询《九成宫醴泉铭》的钩常见的有：竖钩、弯钩、横钩、竖弯钩、卧钩等。

基本写法

起笔：逆锋起笔，右下作顿；
运笔：调整中锋，往下作竖；
转折：提笔作围，转锋作钩；
收笔：渐提渐收，力送笔尖。

小提示

❶ 欧体的钩多见两种，一为藏钩，一为带有隶书“燕尾”笔法的钩；
❷ 钩的角度、长短、弧度、出钩方向等，都要根据字的不同结构要求和笔势而定。

三、提

“永字八法”中称“提”为“策”，李世民《笔法诀》曰：“策须仰策而收。”策，马鞭，用力在策本，得力在策末。下笔宜直，调锋后右仰上提，借势发力，出锋时于空中作收势，力聚锋尖，尖锐劲利。

欧阳询《九成宫醴泉铭》的提常见的有：平提、斜提、长提、点带提等。

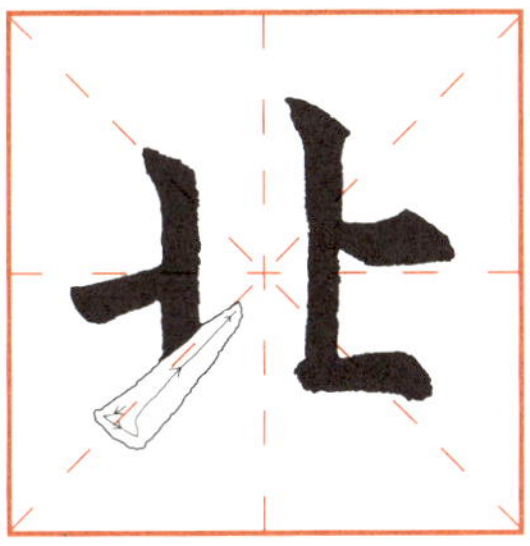

基本写法

起笔：逆锋起笔，右下作顿；

运笔：调整中锋，右上行笔；

收笔：渐提渐收，力送笔尖。

小提示

❶ 提的写法同右尖横，收笔有的较为含蓄，有的尖锐劲利，避免虚尖；

❷ 提常与下一笔意连，有呼应之势。

四、点

“永字八法”中称“点”为“侧”，下笔时当顺势落笔，露锋处要尖锐饱满、干净利落，收笔时要收锋在内。卫夫人《笔阵图》曰：“点如高锋坠石。”

欧阳询《九成宫醴泉铭》的点常见的有：瓜子点、反点、竖点、撇点、提点等。

基本写法

起笔：侧锋峻落；

运笔：顿笔小旋；

收笔：势足收锋。

小提示

❶ 点虽小，但变化最多，一切变化都须服从于字的结构和势的需要；

❷ 点单独用较少，组合应用非常丰富，如左右点、相向点、相背点、横三点、横四点、合三点、聚四点等等。

五、拓展：光明　神思　乾坤　临池

临习要点

“折”在字中要有方有圆，如“明”、“神”、“思”、“坤”、“临”。“点”是楷书笔画中最小的，同时也是变化最丰富的，如：“神”的首点为瓜子点，“临”的点为竖点；点之间讲求顾盼、呼应，如“光”字的相对点、“思”字的提点和侧点、“池”字的三点水等。

创作提示

楷书作品的书写要做到“三好”，即“笔画好”、“结构好”、“章法好”。而对于两个字的作品来说，笔画好是关键因素，所以要狠下苦功，苦练用笔，才能写时做到笔笔到位，写出欧《九成宫碑》“圆劲瘦硬”的特点。

幅式参考

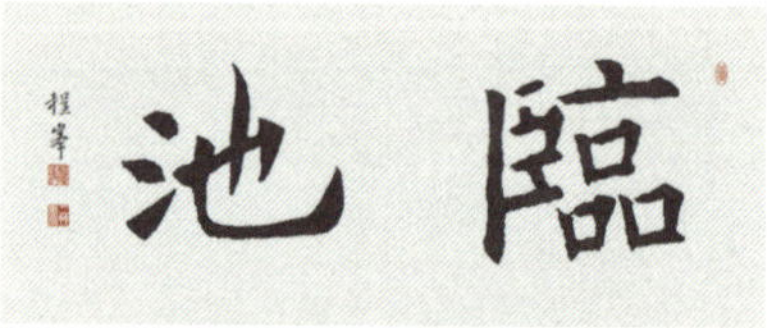

横幅

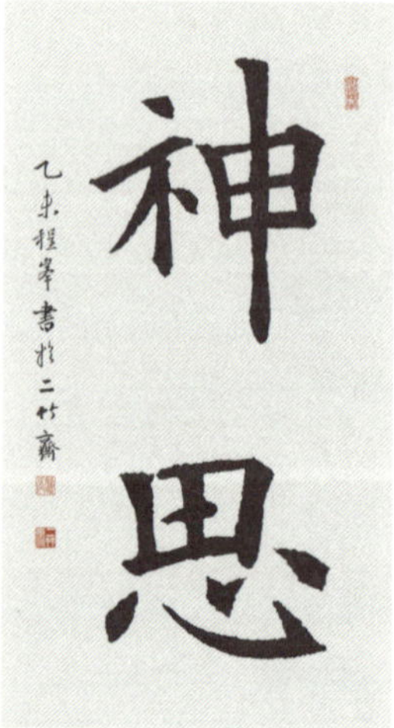

中堂

第三讲

部首——左旁与右旁

部首形态各异，是构成汉字合体字的重要部件。练好部首是掌握间架结构的基础。

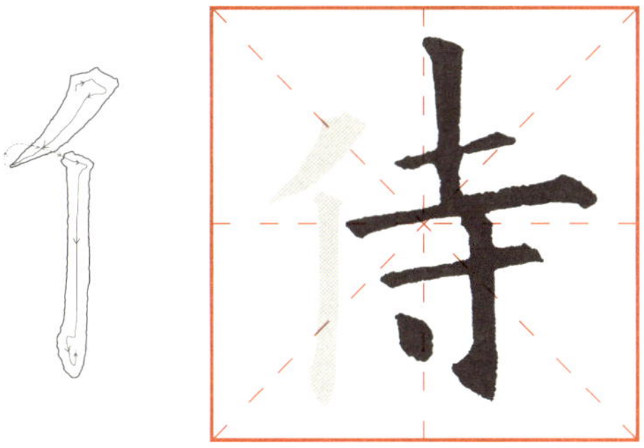

一、单人旁与双人旁

单人旁与双人旁都是由短撇和竖画所组成的，作为左旁所占的位置较为窄小，安排上以“左紧右松”为主，起到避让右边部件的作用，同时下竖的“长短”、“曲直”要根据具体情况有所变化。

单人旁：撇竖组合姿态多，长短根据字需要。

双人旁：两撇起笔一直线，长短斜度有变化。

二、竖心旁与提手旁

竖心旁的笔顺为“左点、右点、竖”，左右点之间要有变化、讲求呼应，竖要稍长，直中见曲势；

提手旁竖钩的竖笔稍长，可略带弧势，《九成宫醴泉铭》以左弧为主，竖笔不能竖在“横画”、“挑画”的中间，应偏右，使得提手旁有让右之势。

竖心旁：竖点斜点加长竖，两点靠竖须呼应；

提手旁：竖笔圆劲弧且直，钩提有力不虚浮。

三、提土旁与王字旁

王字旁与提土旁写法相近，只是王字旁上面多了一横。两者都是底横化“横”为“提”，都要表现出与右部的穿插借让关系，下面的“提”都要与右部第一笔形成笔势连贯。

提土旁：土字下横变提笔，提与下笔意相连。
王字旁：偏旁不要写太宽，两横一提求匀称。

四、木字旁与禾木旁

禾木旁与木字旁写法相近，只是禾木旁的上面多了一个平撇。两者都不能将“横竖撇点”四笔交于一点，横画都不宜写得太短，要左伸右缩，体现让右关系。

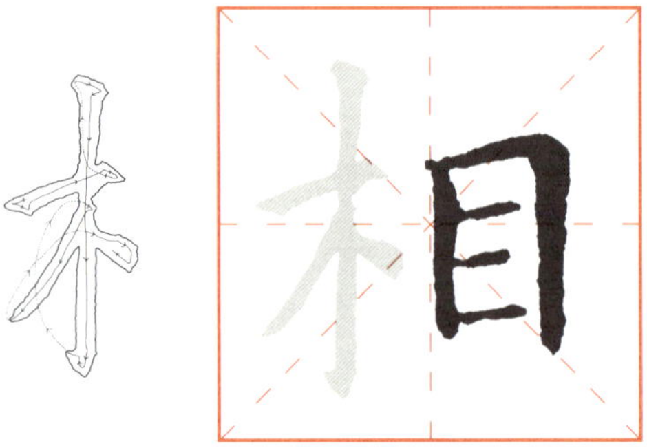

木字旁：首笔横画向左伸，斜点忌写交叉处。
禾木旁：短撇应该写得平，让右关系把握好。

五、三点水与言字旁

三点水要写出三点不同的姿态，有承接呼应之势，提点注意角度，要与右部首笔的起笔笔意相连；

言字旁的首点写成“侧点”，侧点偏右，首横稍长，左伸右缩，横向笔画分布均匀。

三点水：三点笔姿各不同，提点应与后笔连。

言字旁：右侧齐平重心稳，姿态变化间隔匀。

六、日字旁与月字旁

日字旁不宜写得太宽，左竖、右折写得较直且略有高低，横细竖粗，底横写成提，并与右部首笔的起笔笔意相连；

月字旁：竖撇与横折钩的折笔相背布势，中间两小横讲求变化。

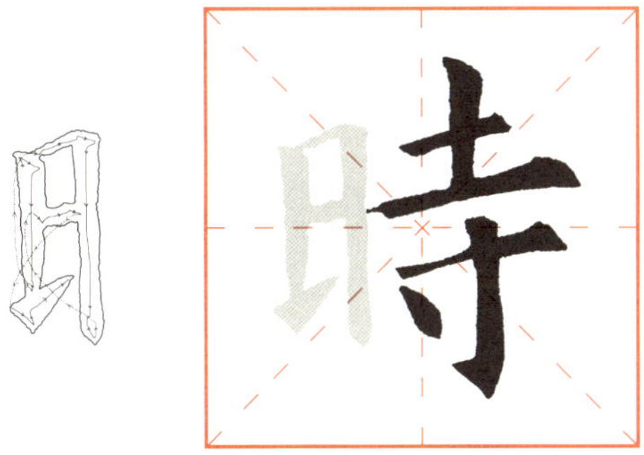

日字旁：形状宜瘦不宜胖，右脚伸长底横提。

月字旁：撇尾钩末多齐平，形状苗条姿态生。

七、示字旁与金字旁

示字旁的首点写成“横点”或“侧点”，点偏右，竖画长短根据字的结构需要；

金字旁的撇画较舒展、捺画变点，注意让右关系，末笔横画起笔略向左伸，且有向上的斜势。

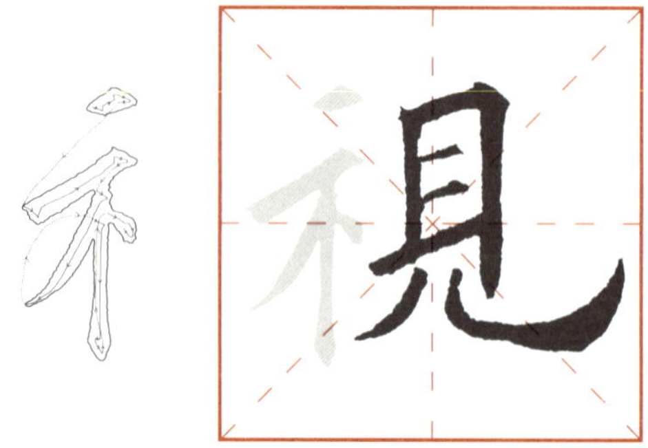

示字旁：折撇不要弧太大，末点须藏腰眼里。

金字旁：撇首竖画对中心，底横左伸且上斜。

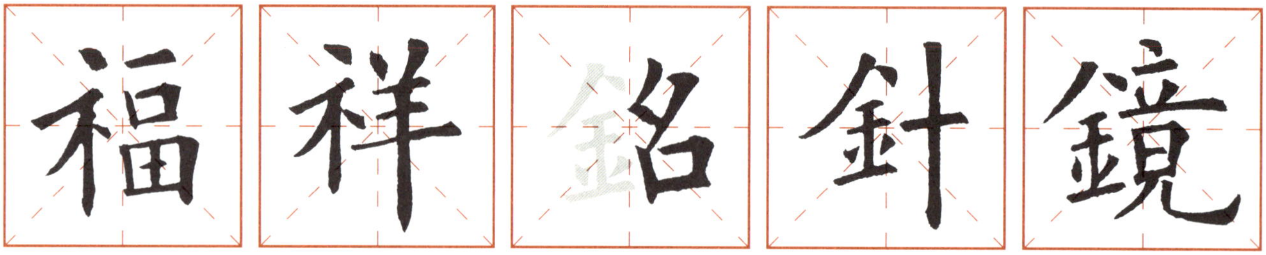

八、绞丝旁与左耳旁

绞丝旁的两组撇折要注意变化，三点稍散开，朝右上方匀称排列，并控制好重心，有时下面也可写成“小”；

左耳旁的“左耳”不宜写太大，位置偏上，以让出位置给右边笔画穿插。

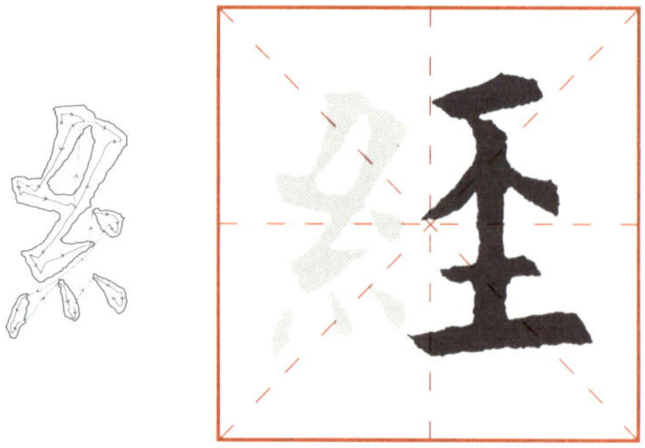

绞丝旁：二折各自有特点，空挡均匀形摆稳。

左耳旁：左耳不宜写太大，让出右边笔画行。

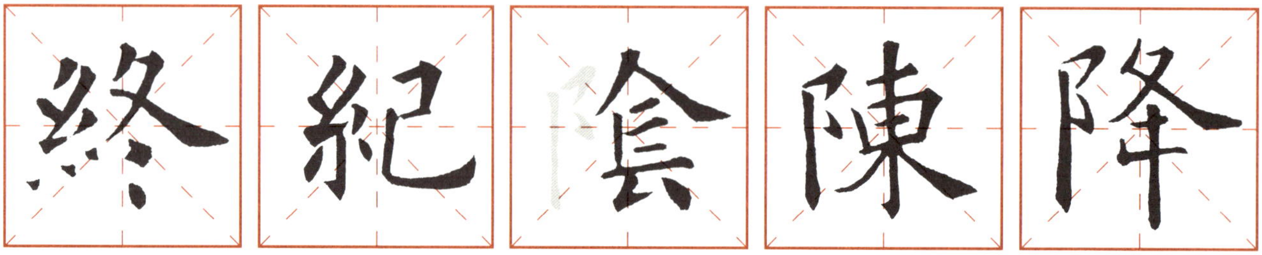

九、立刀旁与斤字旁

立刀旁的短竖位置在竖钩位置中间偏高，两竖注意保持好距离；

斤字旁的首撇写成平撇，左撇写成竖撇或短竖，末笔长竖写成垂露竖或竖钩。

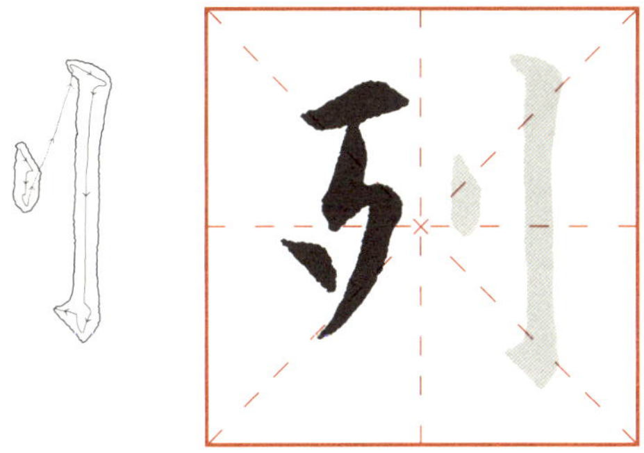

立刀旁：小竖位置略偏高，结构紧凑不松散。

斤字旁：竖撇回锋平撇重，长竖对准平撇中。

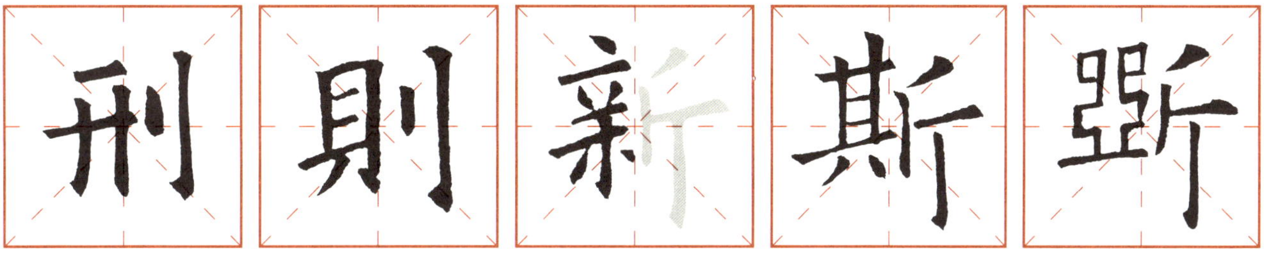

十、反文旁与殳字旁

反文旁的长撇写成竖撇，较弯，长撇与捺画呼应协调，且轻撇重捺、撇收捺放；

殳字旁的左右之间的点画搭配要做到呼应中求变化，且重心稳定。

反文旁：短撇短横配合好，反文中撇紧捺开。

殳字旁：上部轻快又迎左，撇捺对称又呼应。

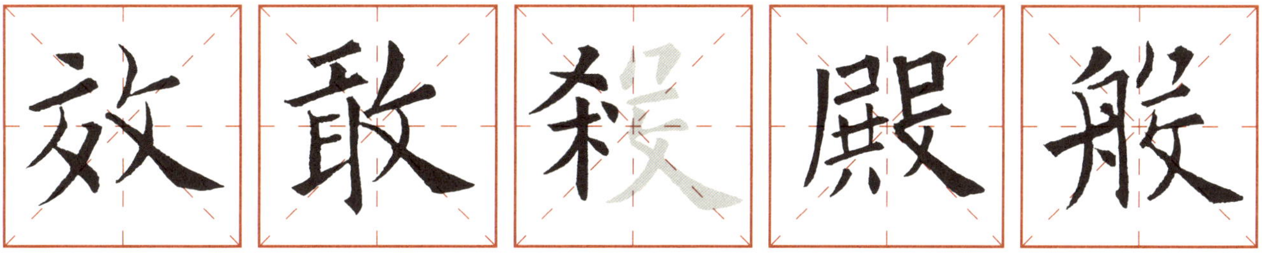

十一、力字旁与欠字旁

力字旁的斜折方向与撇趋近于平行，形成的空间微呈上窄下宽，钩角并起到支撑重心的作用；欠字旁的整体可稍偏右让左，与左部呼应，捺画也可作长点变化。

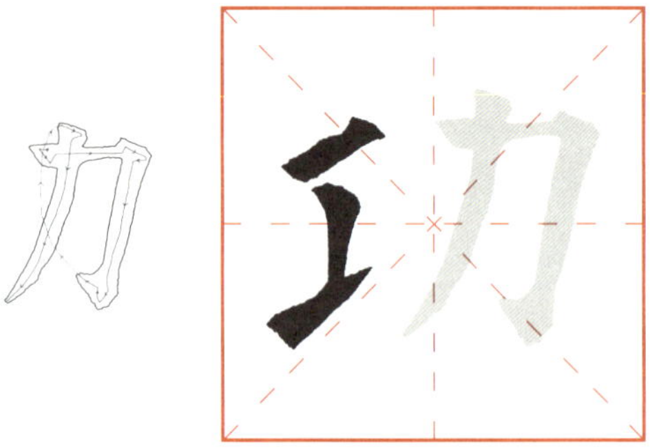

力字旁：长撇折钩趋平行，钩角撑稳字重心。
欠字旁：短撇横钩搭配好，长撇带弧抱左势。

十二、页字旁与隹字旁

页字旁上面的横画略短，且有让左之势，末笔横画起笔偏左伸，底部的短撇和侧点呈支撑状使整体平衡；隹字旁的左竖宜最长，形态偏长方，四横分布均衡。

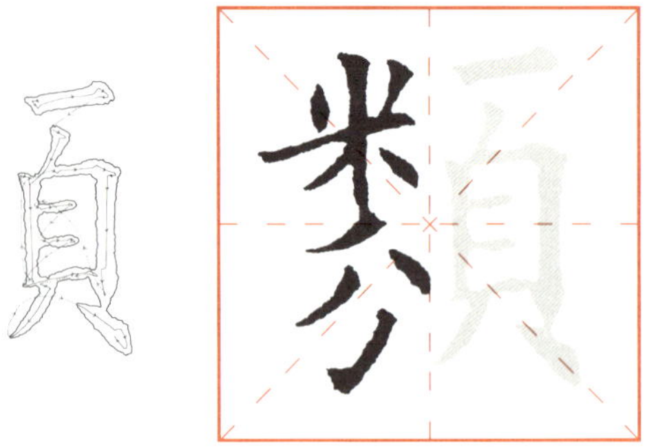

页字旁：计白当黑间隔匀，短撇侧点配合好。
隹字旁：隹部偏旁要瘦长，四横应有仰平覆。

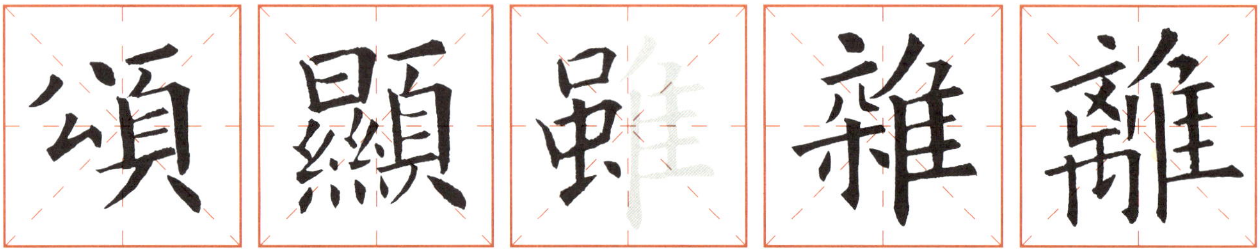

十三、拓展：和气致祥　知者利仁

临习要点

左右结构的字，要讲求相互之间的位置关系与穿插避让。如“知”、“和”、“利”三个字，要把握好左右部件的位置高低，并保持好距离，“致”、“祥”二字的左右部件之间穿插避让，使之结构更为紧密。

创作提示

四字作品也可写成团扇（如作品“知者利仁”）或斗方（如作品“和气致祥”）。四字团扇与斗方的初学不宜写得太大，一般为一尺的小品即可。团扇的书写还宜讲求“因形制宜”，须表现出呼应协调的艺术效果。

幅式参考

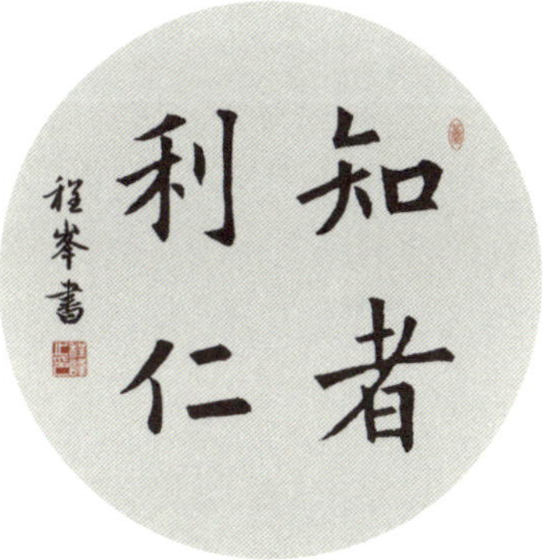

团扇

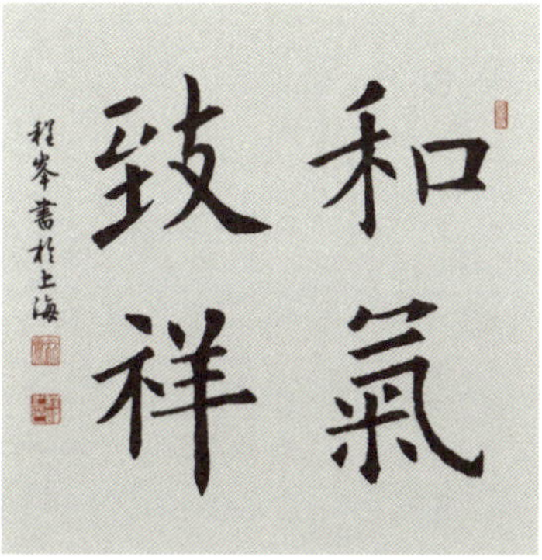

斗方

第四讲

部首——字头与字底

一、草字头与人字头

草字头往往要求中心对齐，重心平稳，与下面部件有覆盖、承接等关系，使上下熔为一体。上面草字头的两个“十”形态有变化、相互对称呼应，并与下面部件形成穿插呼应之势；“人字头”呈两面包围之势，要有包容、稳定之感。

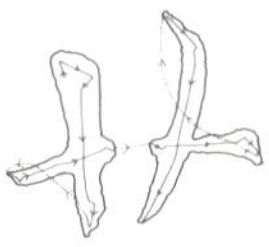

草字头：两个十字不一样，有虚有实有呼应。
人字头：撇捺呼应呈三角，覆盖下部势舒展。

二、日（曰）字头与宝盖

日字头的日部稍有“上宽下窄”之势，不宜写得太长，以留出下部的位置；
宝盖的首点有时写成竖点，往往位于整个宝盖的中间，左竖点、横钩舒展呈覆盖下部之势。

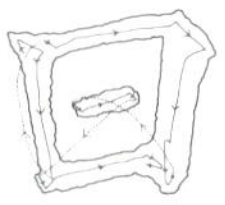

日（曰）字头：日部不宜写太长，要给下面让出位。
宝盖：首点居中左竖点，横钩拉长覆盖势。

三、小字头与尸字头

小字头的中竖或直、或略斜，左点与啄点分列中竖的左右侧，且靠中竖、相互呼应；

尸字头的“口”形较扁，竖撇长而舒展，略带弧势，整体上紧下松，给下面部件留出适当的空间。

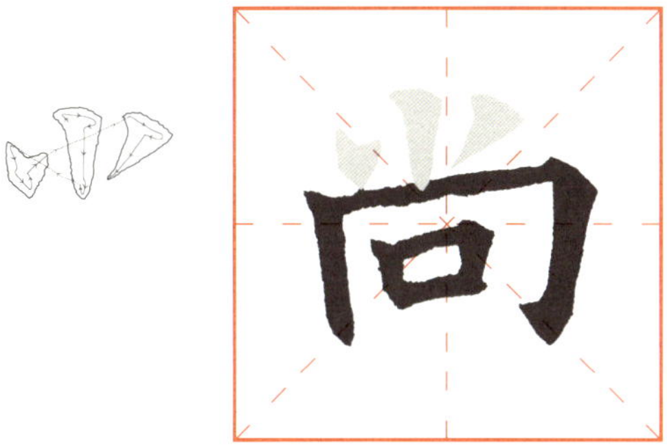

小字头：左点撇点相对称，低于竖点列两侧。

尸字头：口小撇长上部紧，构成字形成梯形。

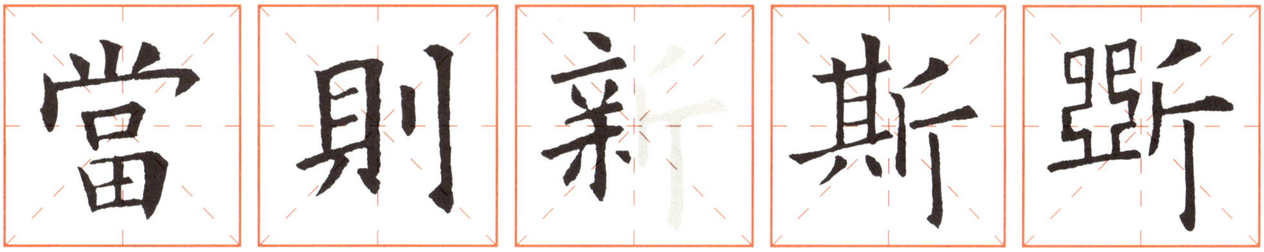

四、心字底与四点底

心字底的点画与卧钩之间穿插有度，分布匀称，钩画弧度须要把握好；

四点底的四个点形态各异，相互呼应，若沿外框圈起来，整体形状就像一横。

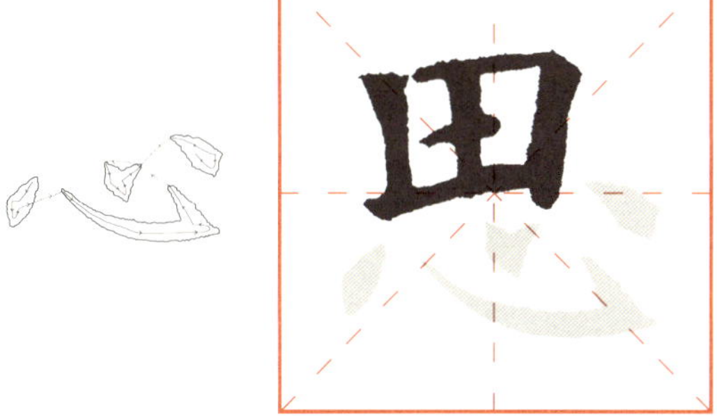

心字底：点钩之间求匀称，卧钩形态须把握。

四点底：形断意连互呼应，整体协调稳重心。

五、皿字底与贝字底

皿字底的左竖与右折宜斜收对称，中间两个竖画变化、生动、呼应，底横较长且有承载力；

贝字底的末笔横画偏左，撇、点着地，平稳有支撑力。

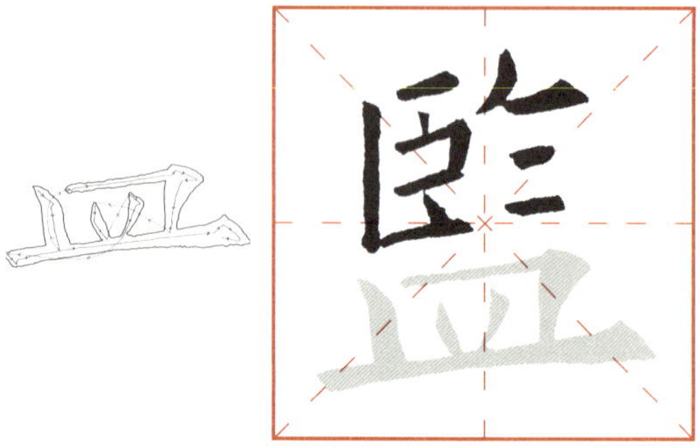

皿字底：左竖右折须对称，两竖呼应底横长。

贝字底：长方形下加两脚，着地平稳不摇摆。

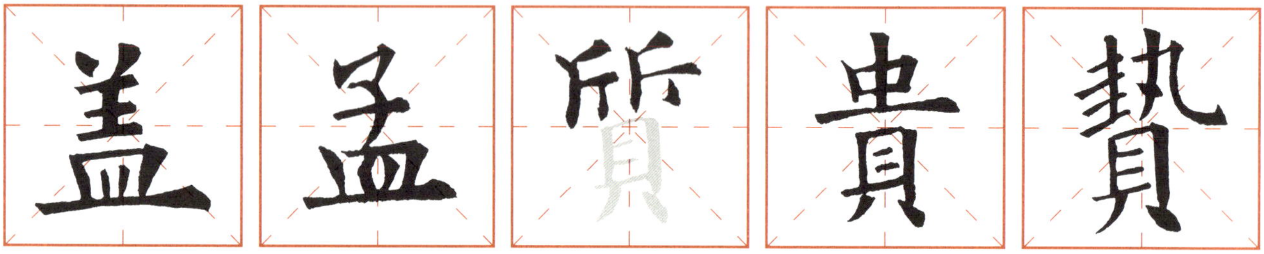

六、走之儿与木字底

走之儿的横折折撇微有斜势，以让右边部件，平捺饱满有力，有承载之势，整个走之儿的点画书写宜一气呵成；

木字底的中竖写成竖钩，撇与捺画变为两点分列竖钩两侧且呼应，横画较长，承载上部。

走之儿：横折折撇取斜势，平捺一波又三折。

木字底：木字横长撇捺缩，托住上面各部件。

七、拓展：文以载道　物华天宝

临习要点

欧书特点点画精到、笔力劲健，如“文”字的撇与捺、“载”字的戈钩、“物”字的横折钩、“华”字的中竖等，都给人以瘦硬、劲挺之感；

欧书在显示笔画力度的同时，结构也不失灵动。如“以”字，点与撇、左部与右部的呼应巧妙；“华”字为对称字形，追求左右变化，并于欹侧中求重心稳定。

创作提示

条幅作品“文以载道”。从四个字的笔画上来分析，前简后繁，写创作作品时切忌头轻脚重，协调好繁复字与简约字的关系，达到整体和谐。另外，钤印时，可在“文”字右边的空阔处钤上一枚引首章，使整幅作品美观、平衡。

幅式参考

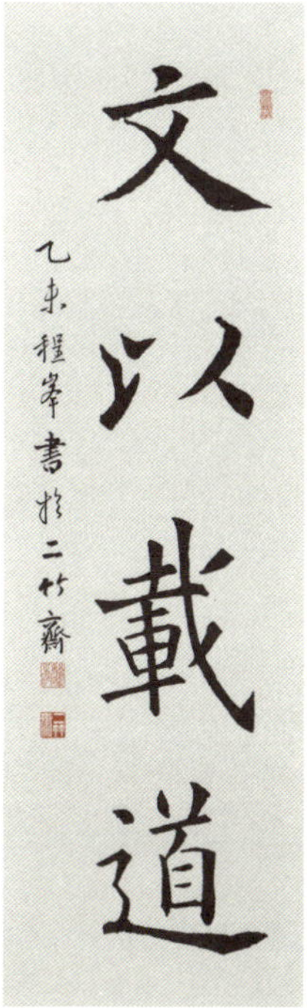

条幅

第五讲

结构——结构类型

结构类型主要是指独体字和合体字，合体字有上下结构、左右结构、包围结构等。

一、左右结构

是由左右两个部件组成，它们之间的大小、长短、宽窄、高低等关系有机地组合在一起，使整体方整停匀、主次分明、疏密得当。

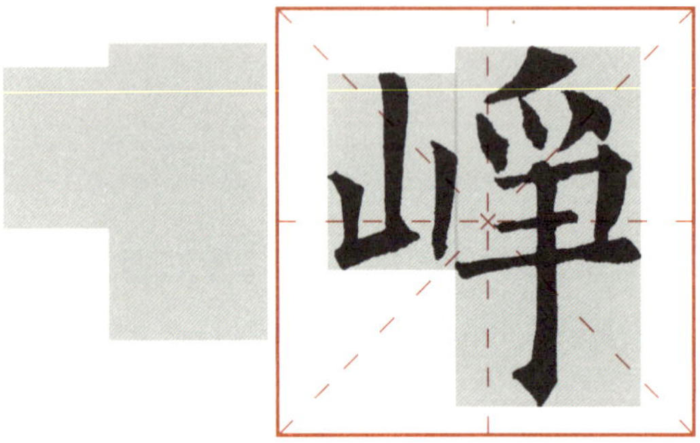

“峥”：左窄右宽，左短右长，左部升高；
“池”：左窄右宽，左右穿插；
“龙”：左右高低、长短、宽窄相当；
“敕”：左右宽窄相当，左长右短，底部平；
“物”：左窄右宽，左右穿插；
“既”：左窄右宽，左右高低、长短相当。

二、上下结构

是由上下两个部件组成，它们之间的大小、长短、宽窄等关系有机地组合在一起，使上下参差有度、疏密得当、浑然一体。

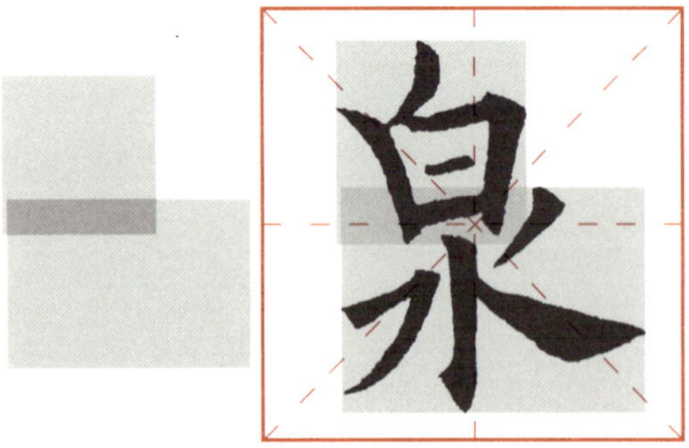

“泉”：上窄下宽，上下长短相当；
“奉”：上宽下窄，上部覆盖下部；
“云”：上宽下窄，重心稳定；
“笔”：上窄下宽，上长下短；
“皇”：上窄下略宽，整体横向笔画之间排布均匀；
“盛”：上宽下窄，上下笔画相互借让，主笔突出。

三、包围结构

包围结构的字，可分为半包围、三面包围、全包围结构等，半包围者所包部分要求重心平稳，三面包围、全包围结构的字不宜写得太大，要考虑高低、宽窄、斜正关系，使内外相称，避免方正呆板。

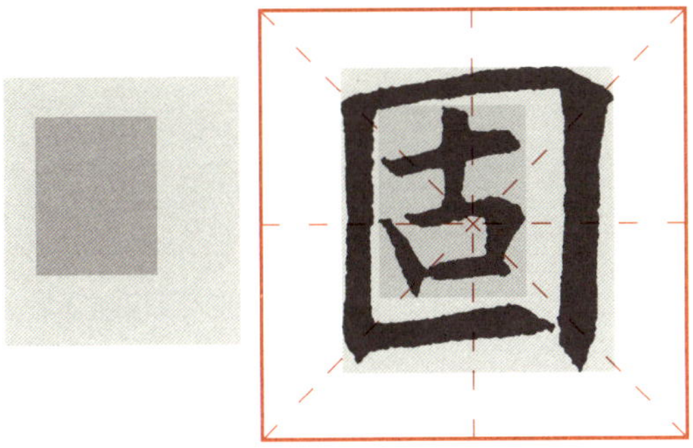

"固"：四面包围，大口框注意粗细虚实；
"延"：两面包围，左下包右上；
"开"：三面包围，上包下；
"内"：三面包围，"人"部竖撇出头占中间；
"旬"：两面包围，右上包左下；
"匪"：三面包围，左包右。

四、左中右结构与上中下结构

是由上中下或者左中右三个部件组成，它们之间的高低、宽窄、长短等关系有机地组合在一起，使字的整体和谐。

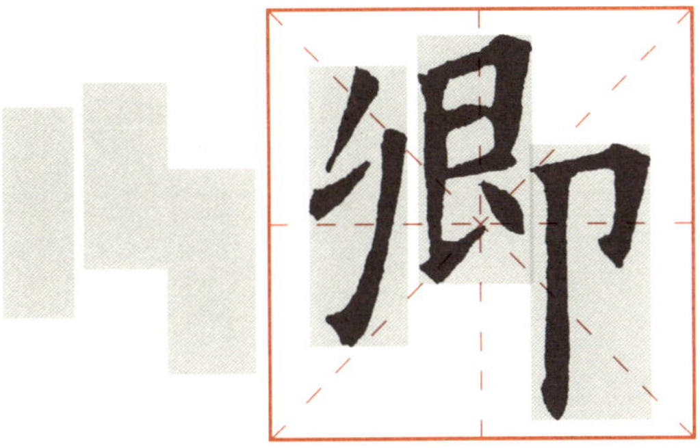

"卿"：左中右宽窄相当，高低错落有致；
"职"：左中短，右部长；
"凝"：左部短、中右长，左中窄、右部宽；
"弃"：中部宽，上下窄；
"灵"：上下宽，中部窄；
"参"：中宽、上下窄，中与上穿插、覆盖下部。

五、独体字

重心稳定、横平竖直、布白匀称、主笔突出等都是独体字的构形原则，同时《九成宫碑》所要求的点画线条圆润瘦硬、变化协调等特点也能在独体字中充分反映出来。

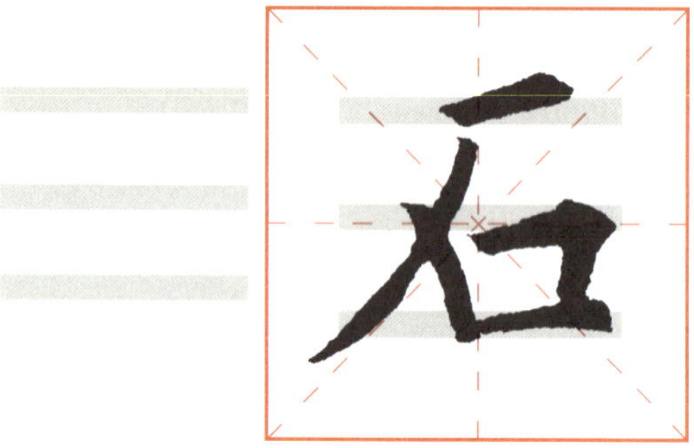

“石”：横短、撇舒展，横向笔画间隔匀称；
“中”：中间悬针竖主笔突出；
“史”：撇捺舒展，“扁口”不宜写得太宽；
“也”：竖弯钩主笔突出，纵向笔画间隔匀称；
“力”：斜中取正，重心平稳；
“丹”：整体字形瘦长。

六、综合结构

错综结构的字，是由三个以上相对独立的构字单位组成的字。这类字笔画繁多，结构复杂，书写时要做好穿插、呼应、退让，要把错综复杂的结构关系处理得井然有序，合理巧妙。

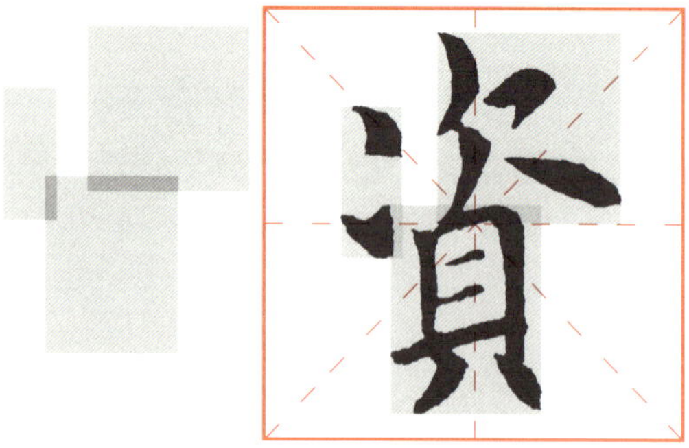

“资”：上部左右舒展，整体上下穿插、避让、协调；
“阶”：左耳旁窄，右部上下结构，整体布白巧妙；
“庭”：整体半包围，里面半包围；
“编”：整体左右结构，右部半包围、左上包右下；
“蔽”：整体上下结构，注意部件之间穿插避让；
“运”：整体半包围结构，右上部为上下结构。

七、拓展：精气神、圣人无常师

临习要点

“精”字左右结构，“米”部横画与“青”部长横巧妙穿插避让，使字的整体结构紧凑；“气”字半包围结构，右上包左下；“圣”字综合结构，上宽下窄，整体重心稳定；“人”字独体字，轻撇重捺，字形舒展；“常”字上中下结构，上中下各部件的宽窄变化错落有致。

创作提示

五字作品的创作也可写成两行，落款可稍长一些，钤印的位置要低于第二行最后一个字，但同时要高于第一行最后一个字。作品中“师”字下面的留白显得较为自然，有空灵之感。

幅式参考

横幅

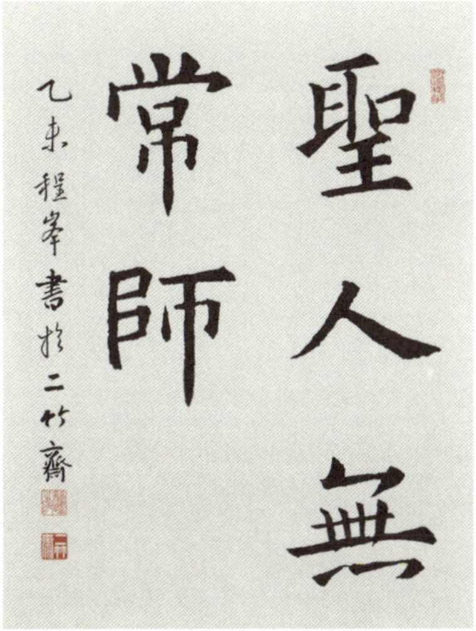

中堂

第六讲

结构——结体原则与外形多样的字

结体原则是指汉字作为书法造型艺术的一些基本构形原则，欧《九成宫碑》的一些结体规律如分布均匀、收放有致、相背为主等。

一、重心稳定

重心是指字的支撑力点，是平稳的关键。字形中正者，重心明显，或竖画居中，或左右对称，欧体中也有“中心错位，险中求稳”；字形偏倚不对称者，要求偏中求正，多以斜笔、弯笔、折笔等作支撑，以达到字的整体平稳。

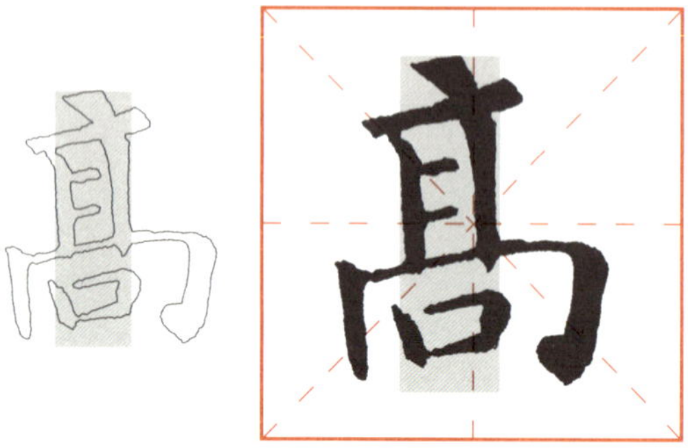

“高”：首点、中间两竖、下口对准；
“今”：底部竖点与人字头撇捺交点略错位；
“莫”：“大”部撇写得弯，撇点支撑、险中求稳；
“必”：长撇与卧钩撑稳整个字的重心；
“景”：上中下各部件重心对准；
“宁”：底部竖钩撑稳整个字的重心。

二、分布均匀

对字进行相对等比例的空间分割，以使点画和留空都间距相等，达到整体均衡的视觉效果。可以从点画的排列上找到规律，一般横、竖笔画间的有序排列比较明显，也有综合性的均衡安排。

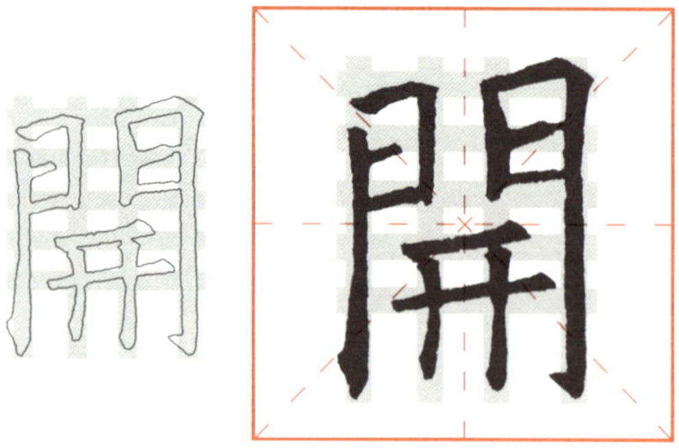

“开”：横向、纵向笔画间隔匀称；
“兼”：横向、纵向笔画间隔匀称；
“西”：纵向笔画间隔匀称；
“后”：斜向笔画间隔匀称；
“书”：横向笔画间隔匀称；
“罪”：整个字笔画之间布白匀称。

三、收放有致

指一字中某些点画安排特别紧密，留空少，而相对另外一些点画特别开张疏朗，留空也多，此二者形成明显的对比，增强了字的结构张力和艺术感。

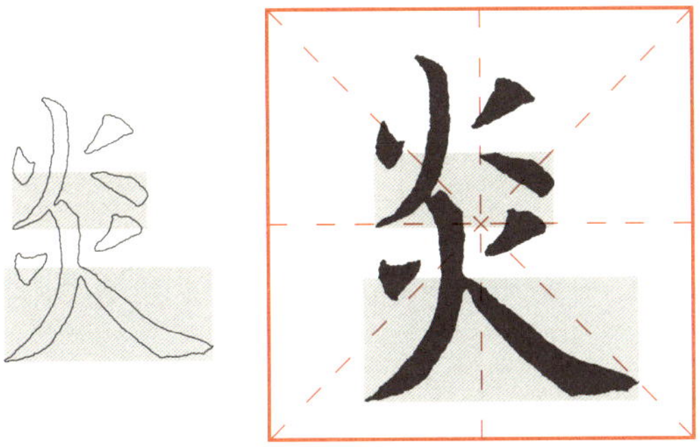

“炎”：两“火”部上小收下放；
“泰”：长横宜收，撇捺宜放；
“光”：长横宜收，弯钩宜放；
“波”：三点水宜收，“皮”部宜放；
“承”：横撇、捺宜放，其他横向笔画宜收；
“感”：“咸”部宜放，心字底宜收。

四、相背为主

相背是指字的结构形式以“)(”为特征，可以是两竖的相背笔势，也可以是两个部件的相背组合。相向与之相反，指字的点画或部件关系以“( )”为特征。欧阳询《九成宫醴泉铭》的字以相背为主，无论“背”或是“向”，都要做到顾盼呼应、气势贯通。

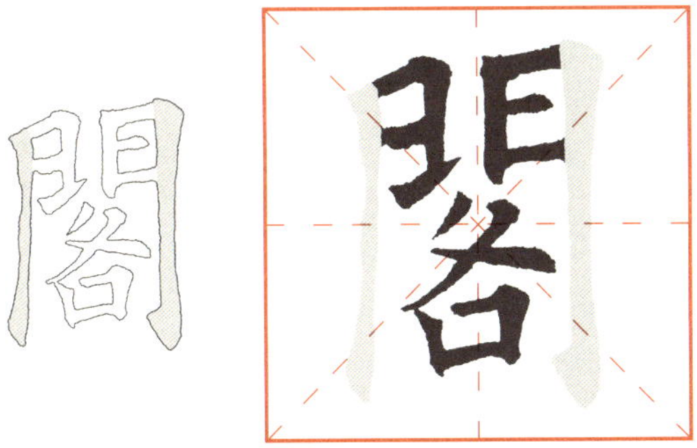

“阁”：左竖与右折相背；
“图”：左竖与右折相背；
“甚”：左右两竖相背；
“何”：左竖与右竖钩相背；
“明”：“目”部、“月”部的左右竖笔分别相背；
“灼”：左右部件相背。

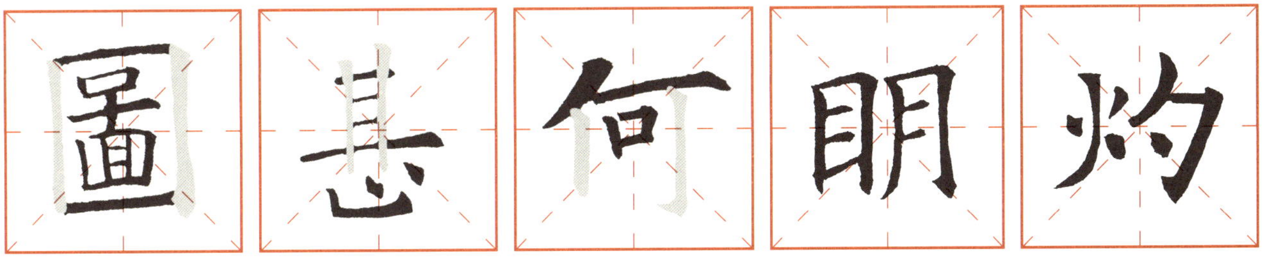

五、重复变化

同一个字中两个或两个以上笔画或部件相同，可进行大小、轻重、主次等方面的变化，以避免形态结构雷同和呆板。

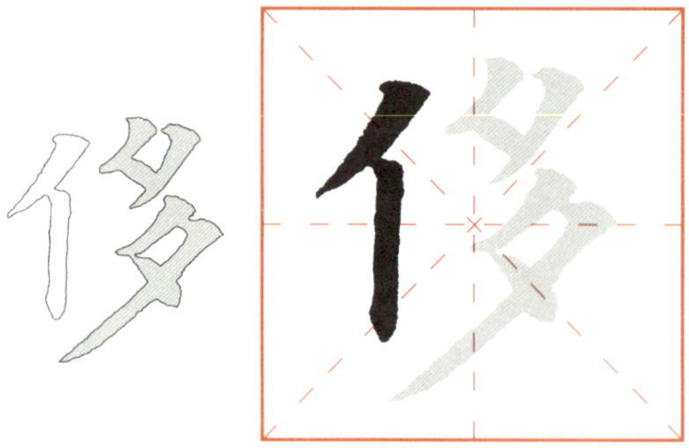

“侈”：两个“夕”部上小下大，底部撇舒展；
“兹”：两个“幺”部姿态不一、相互呼应；
“潺”：右下的三个“子”部变化呼应；
“辍”：四个“又”部变化呼应；
“弱”：左右部件形态不一，互相呼应；
“品”：三个“口”部，连续变化、顾盼呼应。

六、外形多样

如果将《九成宫醴泉铭》中字的外轮廓兜围起来，可发现其外形非常丰富，可用几何图形直观概括。临写时应充分体现出这些外形上的特征与差异，使字更为自然生动。

“微”：整体字形呈圆形；
“可”：整体字形呈倒三角形；
“形”：整体字形呈正方形；
“室”：整体字形呈倒梯形；
“身”：整体字形呈长方形；
“本”：整体字形呈菱形。

七、同字异形

两个相同的字在笔画粗细或结构形式上有所变化，使重复字避免雷同单调之感。同字异写不能随便而为，应取古代已确立的写法，做到“无一字不无来历”。

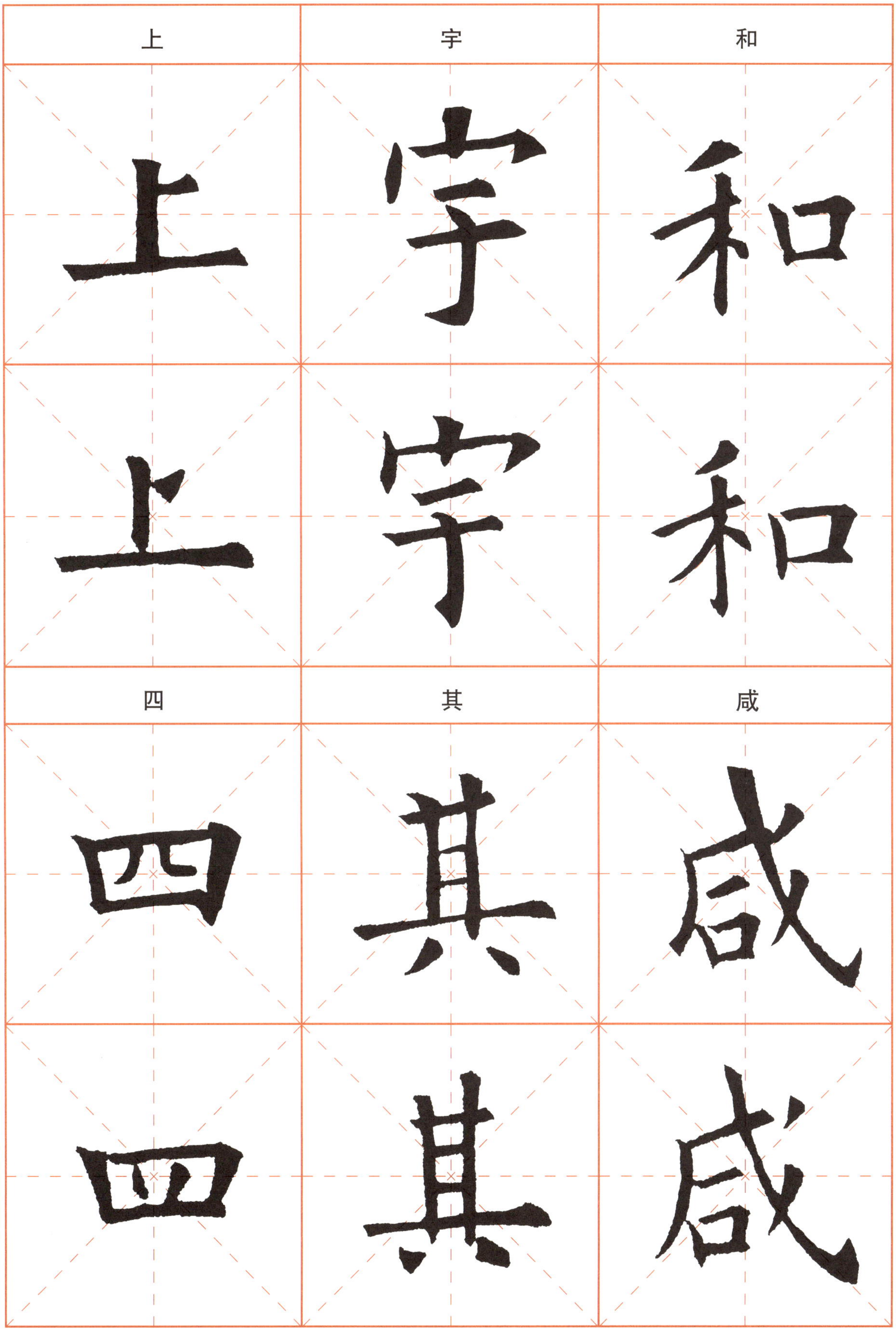

俯	饮	无
俯	飲	無
俯	飲	無

杂	鉴	实
雜	鑒	實
雜	鑒	實

八、拓展：仁者寿　信为万世本

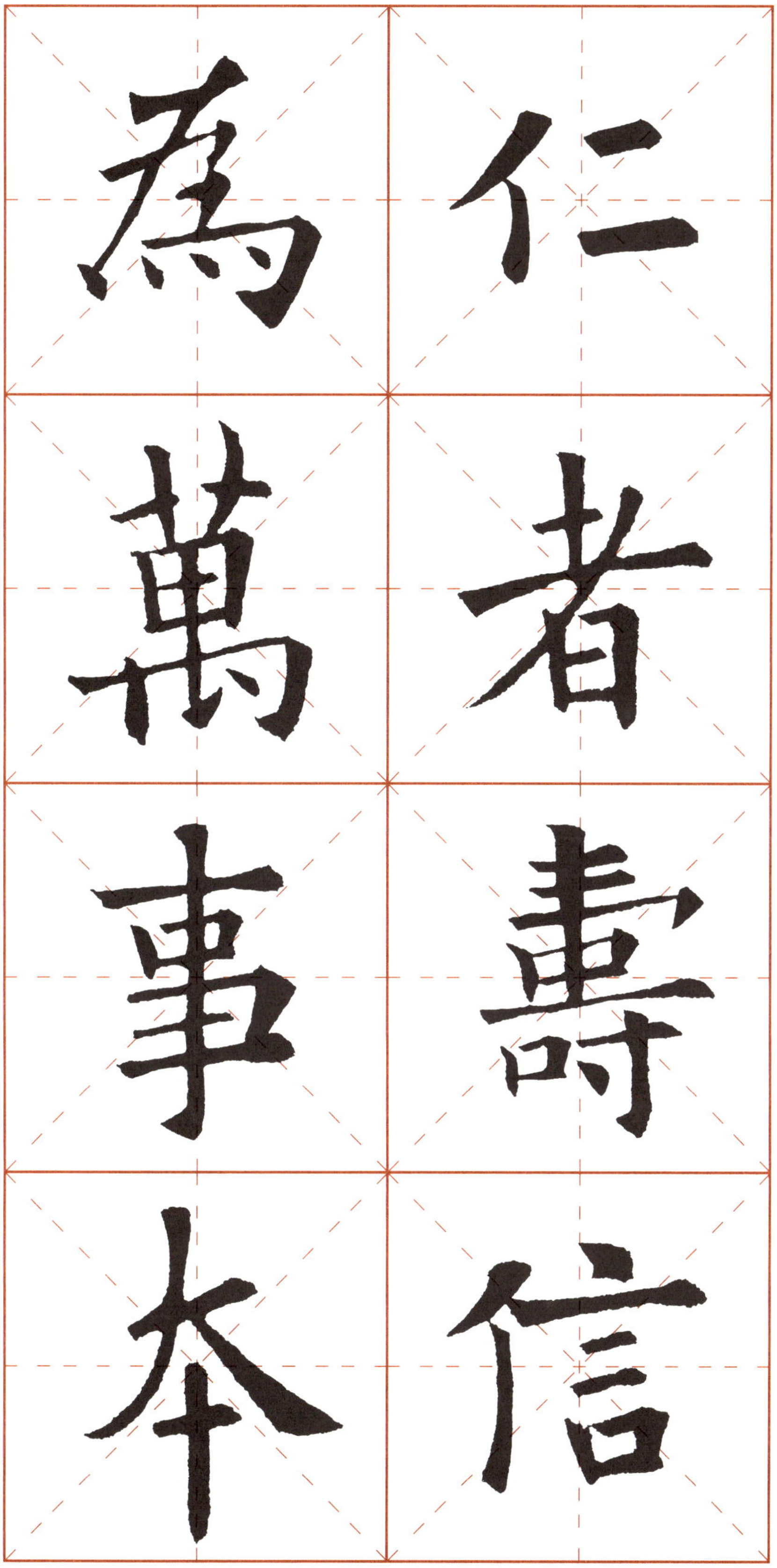

临习要点

“仁”、“信”两字同为单人旁的左右结构，“仁”字左右部件保持距离，“信”字左右部件相互穿插；“寿”、“万”、“事”等字注意笔画之间的布白匀称；“者”、“为”、“本”等字注意突出主笔、收放有致。

创作提示

楷书条幅也可将上款题于正文右侧，一般上款略高，下款略低。

作品“信为万世本”的繁简对比较大，一般多笔画字，形体较宽大，少笔画字形体较狭小。此作品，可将“本”写得稍粗实、舒展些，以避免整幅作品头重脚轻。

幅式参考

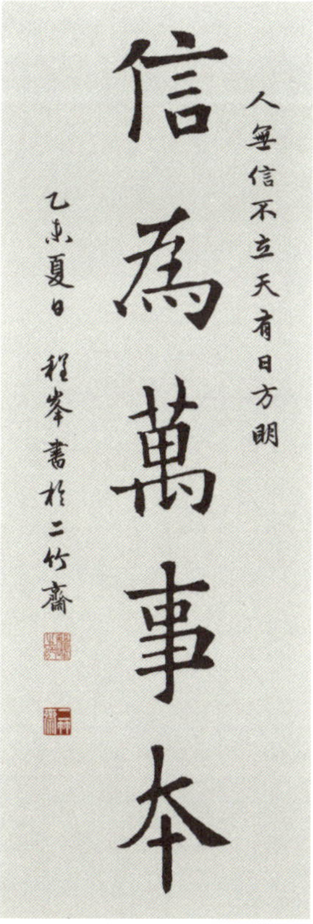

条幅

第七讲
集字创作

集字创作，是从原字帖中挑出一些单字，组成新的有意义的文词作为素材进行创作。要注意调整好字与字之间的笔势呼应、相互配合，使整体协调。

一、条幅与中堂

尺幅：条幅的宽和高的比例通常为 1 ∶ 3 或 1 ∶ 4；中堂的宽和高的比例通常为 1 ∶ 2。

特点：少字数的欧体条幅作品，需写出一定的气势，笔画可写得稍粗一些。“崇德”二字，力求表现出布白匀称、气势端庄的特点；“栉风沐雨”四字作品，力求做到收放有致，秀美中蕴含雄健。

款印：落款稍靠紧正文，并处于正文的中间偏上一点，起首的字可在正文的两个字的中间，也可在某一个字的中间位置，这样才能使作品的整体有错落有致的效果。作品中主要起点缀作用，所以一幅作品的印章也不能过多，一般是一至三方为宜。

中堂

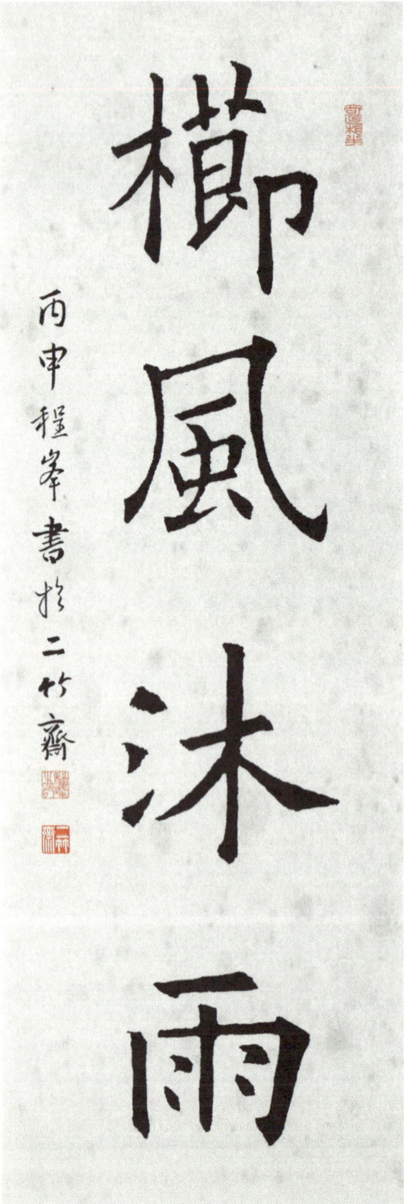

条幅

二、横幅

尺幅：把中堂或条幅的宣纸横放即可。

特点：这幅作品的四个字以端庄为主，静中有动，稳中求胜，给人以一种平和简静的感觉。

款印：落款宜用穷款，作品的右上方可打一枚引首章，落款之后须打一枚姓名章或加一枚闲章。印章在书法作品中主要起点缀作用，所以一幅作品的印章也不能过多，一般是一至三方为宜。

横幅

三、斗方

尺幅：宽和高的比例为 1 ： 1，可以是四尺宣纸横对开、三尺宣纸横对开、四尺宣纸开八。常见尺寸有 69×69cm、50×50cm、35×35cm 等。

特点：斗方这一形制比较难处理，它容易整齐严肃有余，而生动活泼不足，用唐楷来书写更是如此。下面作品的字大小、长短、繁简等的变化较大，若处理得当，能使整幅作品静中见动、生趣盎然。

款印：右边作品的落款不宜太短，才能使整幅作品显得更为稳健。

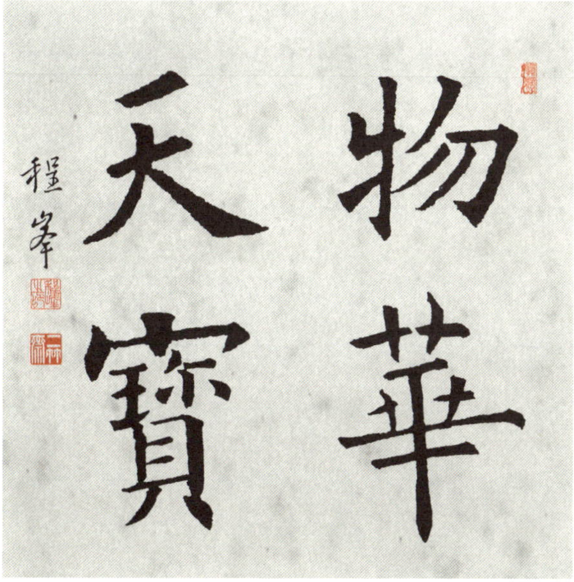

斗方

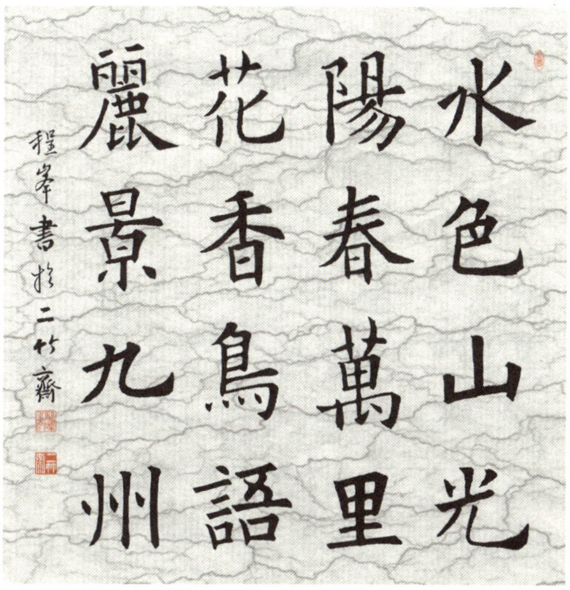

斗方

四、团扇

尺幅： 扇面有团扇、折扇之分。团扇作品，可将宣纸剪成圆形或将正方形剪成四角对称圆角即可。

特点： 团扇的形状是圆形的，书写的时候可以“因形制宜”，也可以“外圆内方”，团扇楷书，需设计好每行字数及落款位置。

款印： 落款可用错落有致的双款，以稳定作品的重心，增加作品的变化。

团扇 1

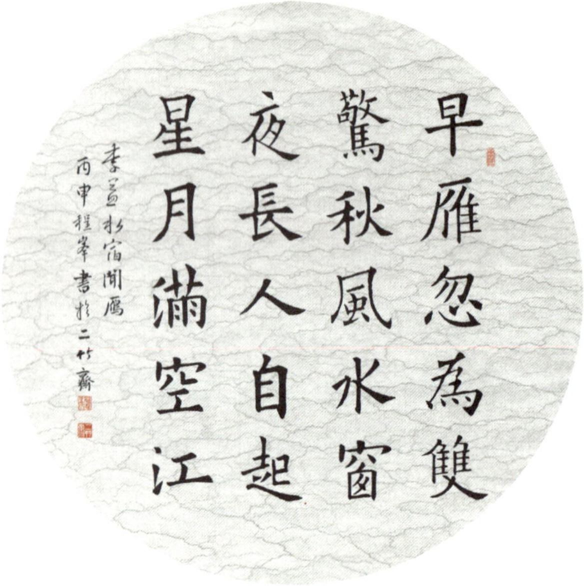

团扇 2

五、折扇

尺幅： 扇面有团扇、折扇之分。这是一幅折扇。

特点： 由于折扇的形式是上宽下窄，如果每行的字数多并写满必然会造成上松下紧的局面，因此可以采用一行字多，一行字少的方法来避免这种状况，例如“3—1”式、“4—1”式等，但多字行的最后一字还得与扇面的底部保持一定的距离。

款印： 落款字可比正文略小一些，落款的长短根据需要与正文的最后一行形成错落，使得整幅作品协调而富有变化。

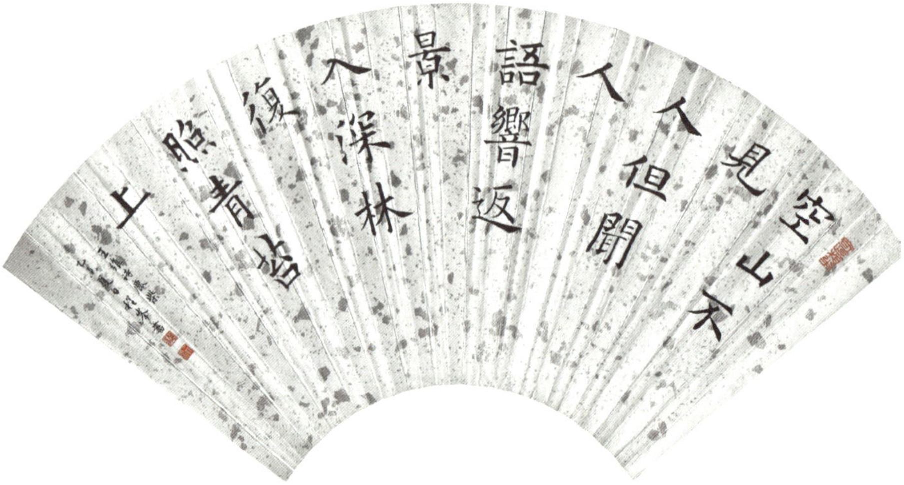

折扇

六、对联

尺幅： 三尺或四尺宣纸直对开，或现成的瓦当对联宣纸。

特点： 因为上下联分别写在大小相同的两张纸上，又组成一个整体，因此书写时要上下联头尾对齐，字要写在纸的中心线上。一般情况下，字的上下、左右要对齐，可以通过加强字本身的大小、粗细变化来制造效果。

款印： 如落单款，可写在下联的左边，位置可上可下，视效果而定。如落上下款，则上款写在上联的右上方，下款写在下联的左方，要低于上款。

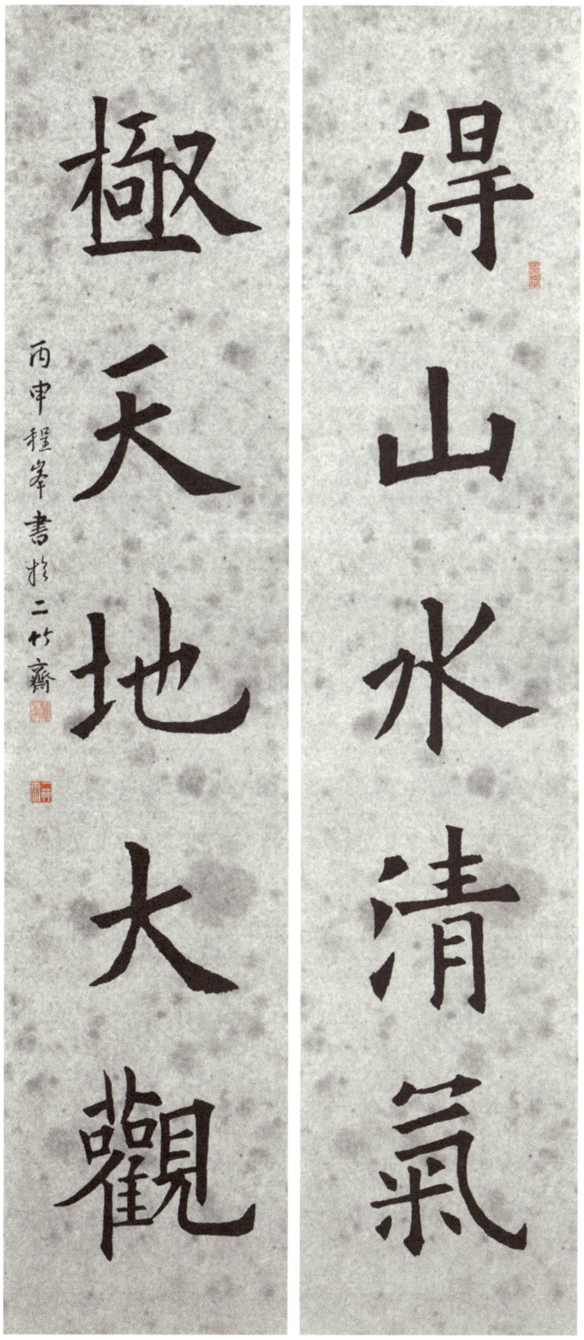

五言对联

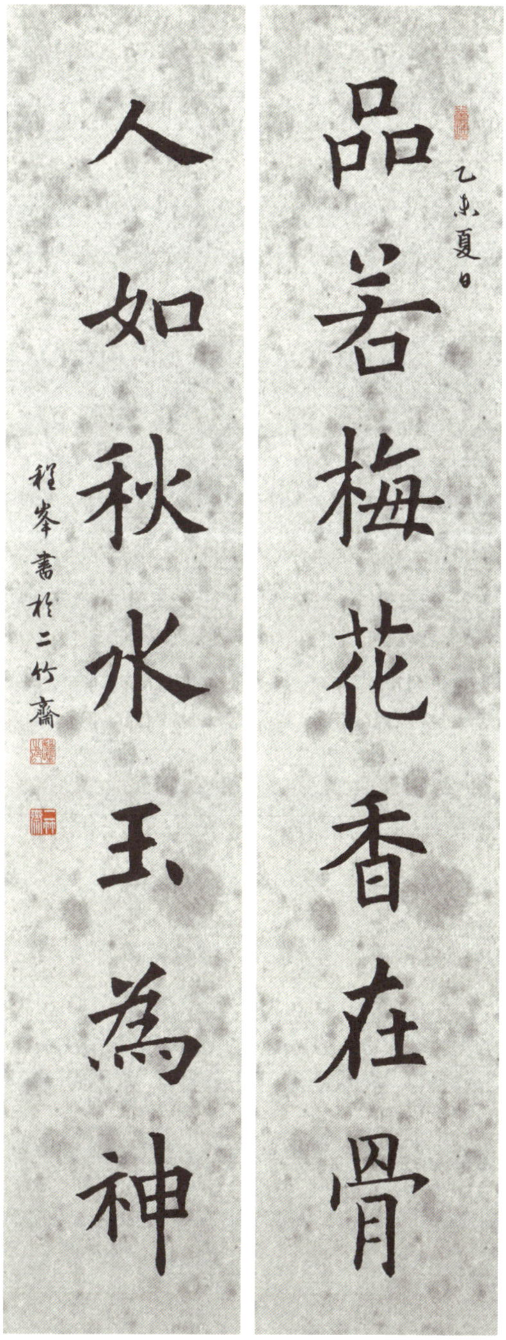

七言对联

七、较多字数集字创作参考

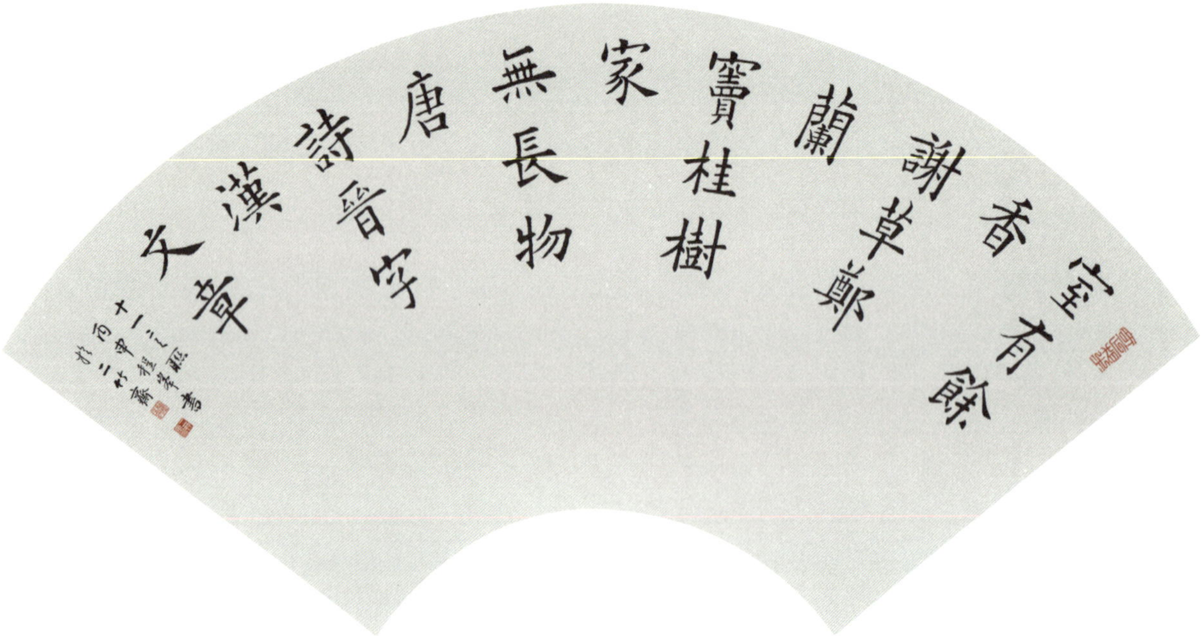

扇面

团扇

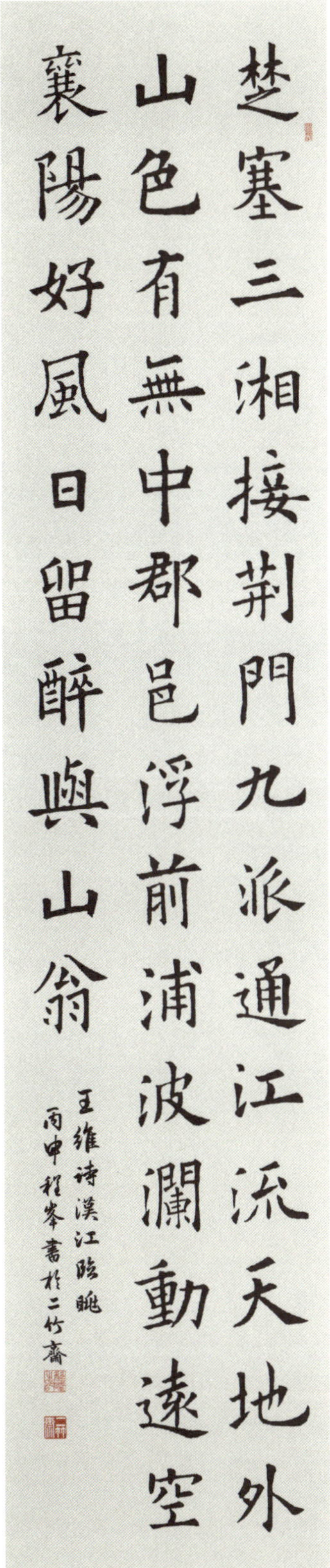
楚塞三湘接荊門九派通江流天地外
山色有無中郡邑浮前浦波瀾動遠空
襄陽好風日留醉與山翁
王維詩漢江臨眺
丙申程峰書於二竹齋

条幅

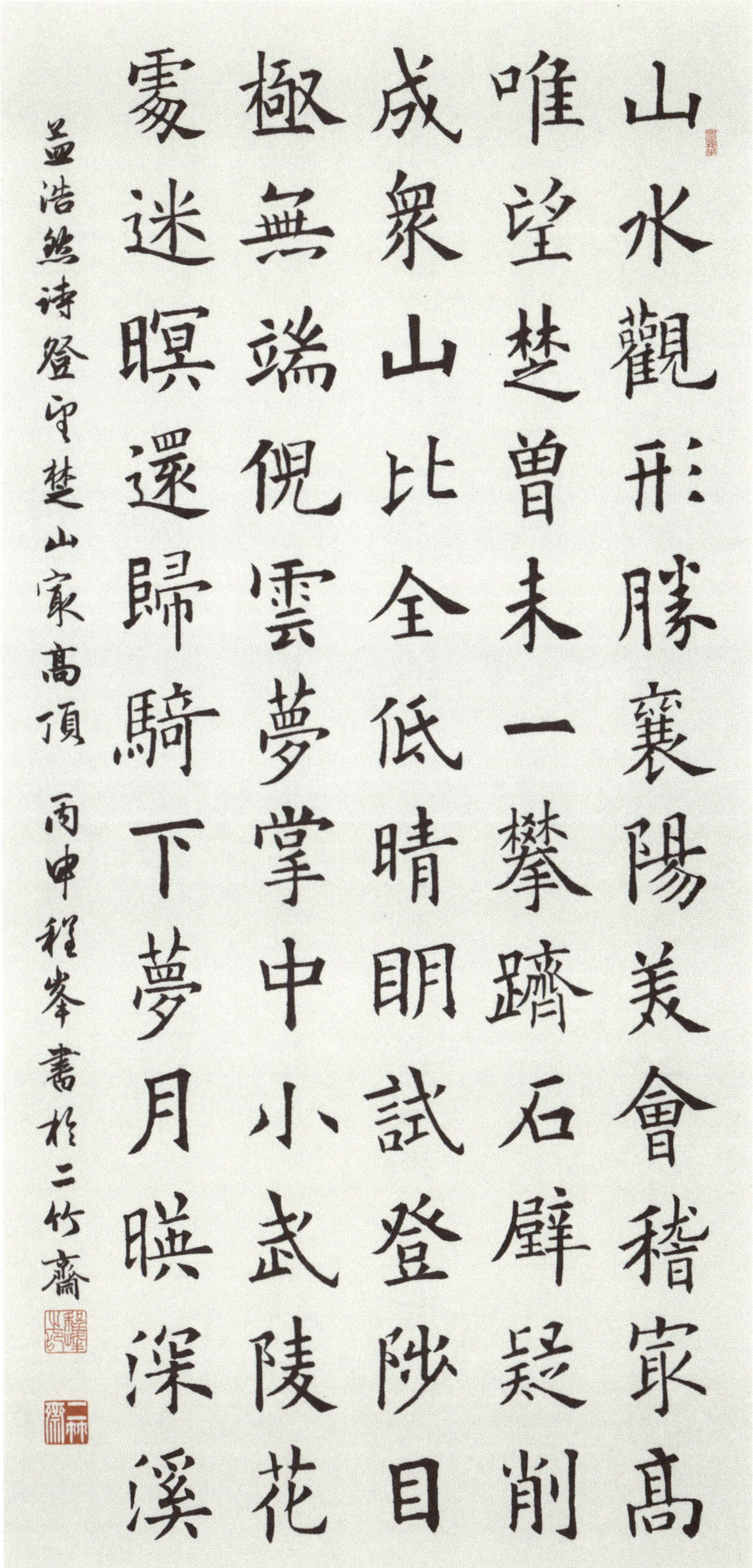
山水觀形勝襄陽美會稽最高
唯望楚曾未一攀躋石壁疑削
成衆山比全低晴明試登陟目
極無端倪雲夢掌中小武陵花
處迷暝還歸騎下蘿月暎深溪
孟浩然詩登望楚山最高頂
丙申程峰書於二竹齋

中堂

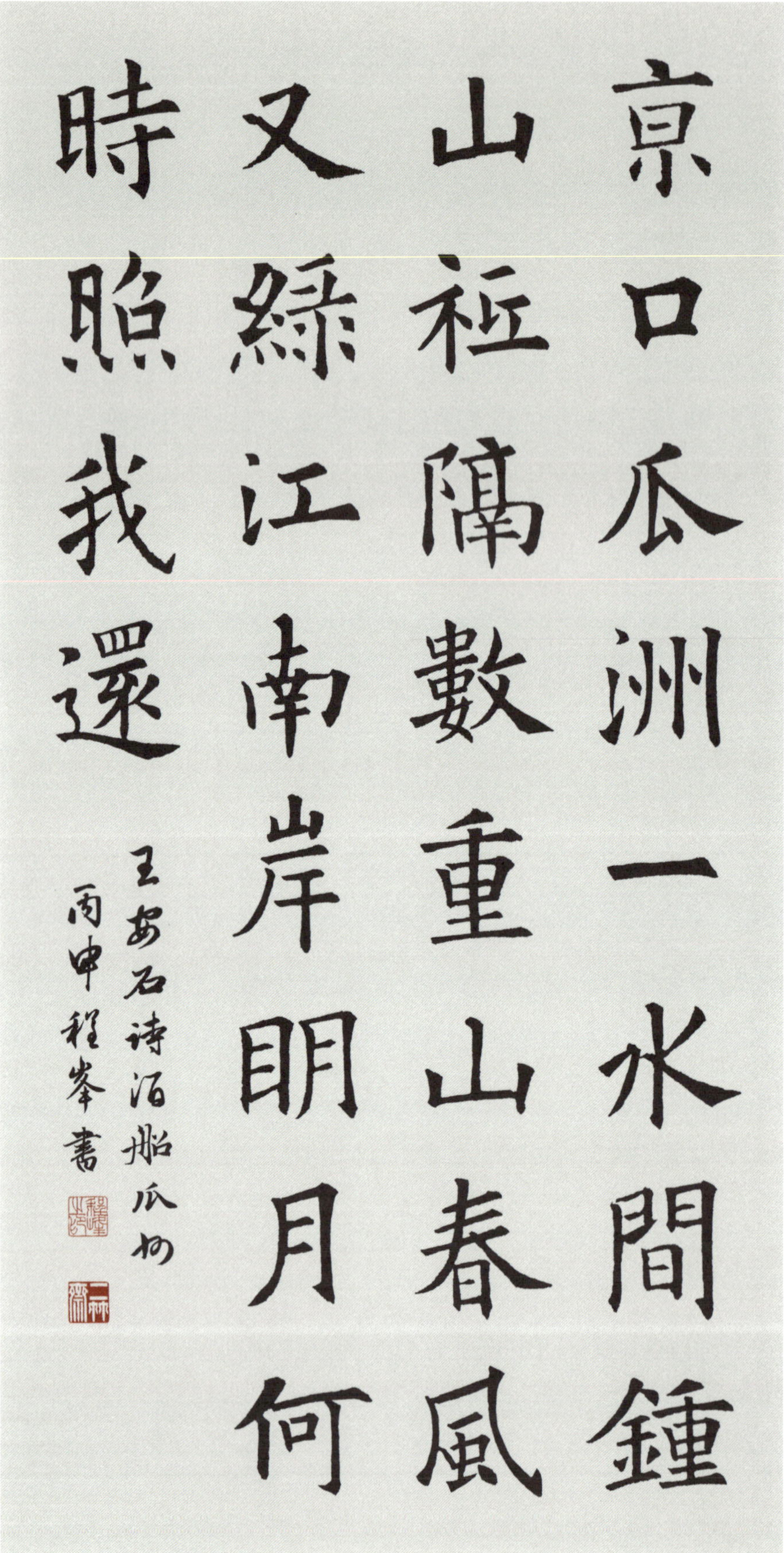
京口瓜洲一水間鍾
山祇隔數重山春風
又綠江南岸明月何
時照我還
王安石詩泊船瓜州
丙申程峰書
中堂

折扇

团扇

欧阳询九成宫醴泉铭

上海书画出版社

《全本对照——经典碑帖临写辅导》丛书 编委会

主编

王立翔

编委（按姓氏笔画排序）

李剑锋 吴志国

张 青 张恒烟

沈 浩 沈 菊

程 峰

《欧阳询九成宫醴泉铭》简介

欧阳询（五五七—六四一），唐代书家。字信本。潭州临湘（今湖南长沙）人。官太子率更令，封渤海男。幼孤，陈中书令江总收养人，教以书记，聪悟绝人，博览古今。书则八体尽能，与虞世南、褚遂良、薛稷并称初唐四家。尤以楷书著称，与颜真卿、柳公权、赵孟頫齐名，影响深远。

全称《九成宫醴泉铭》，魏徵撰文，欧阳询书。唐贞观六年（六三二）四月刻。在陕西麟游县。正书。二十四行，行四十九字。碑左侧刻有宋元丰间（一〇七八—一〇八五）各家题字；右侧刻有宋绍圣间（一〇九四—一〇九八）及明正德间（一五〇六—一五二一）、嘉靖间(一五二二—一五六六）各家题名。此碑书法法度森严，浑穆高简，无丝毫媚态，险劲而出以平淡，为欧阳询代表作。明赵崡《石墨镌华》推此为正书第一。

此碑书法为楷书学习的最佳范本之一。

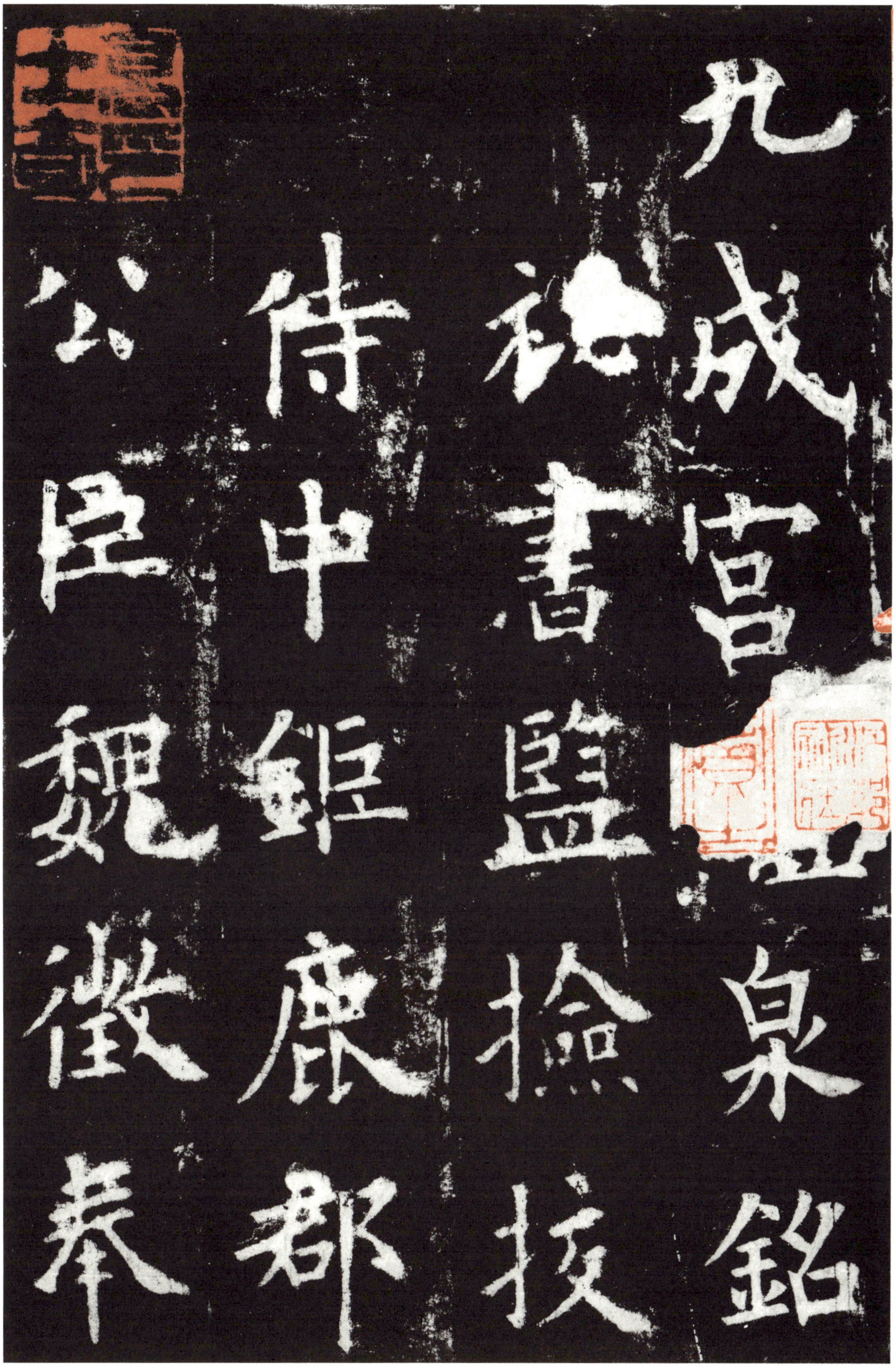
九成宮泉銘
秘書監檢校
侍中鉅鹿郡
公臣魏徵奉

九成宫（醴）泉铭　秘书监检校　侍中钜鹿郡　公臣魏徵奉

敕撰　维贞观（六）年孟　夏之月　皇帝避暑乎九

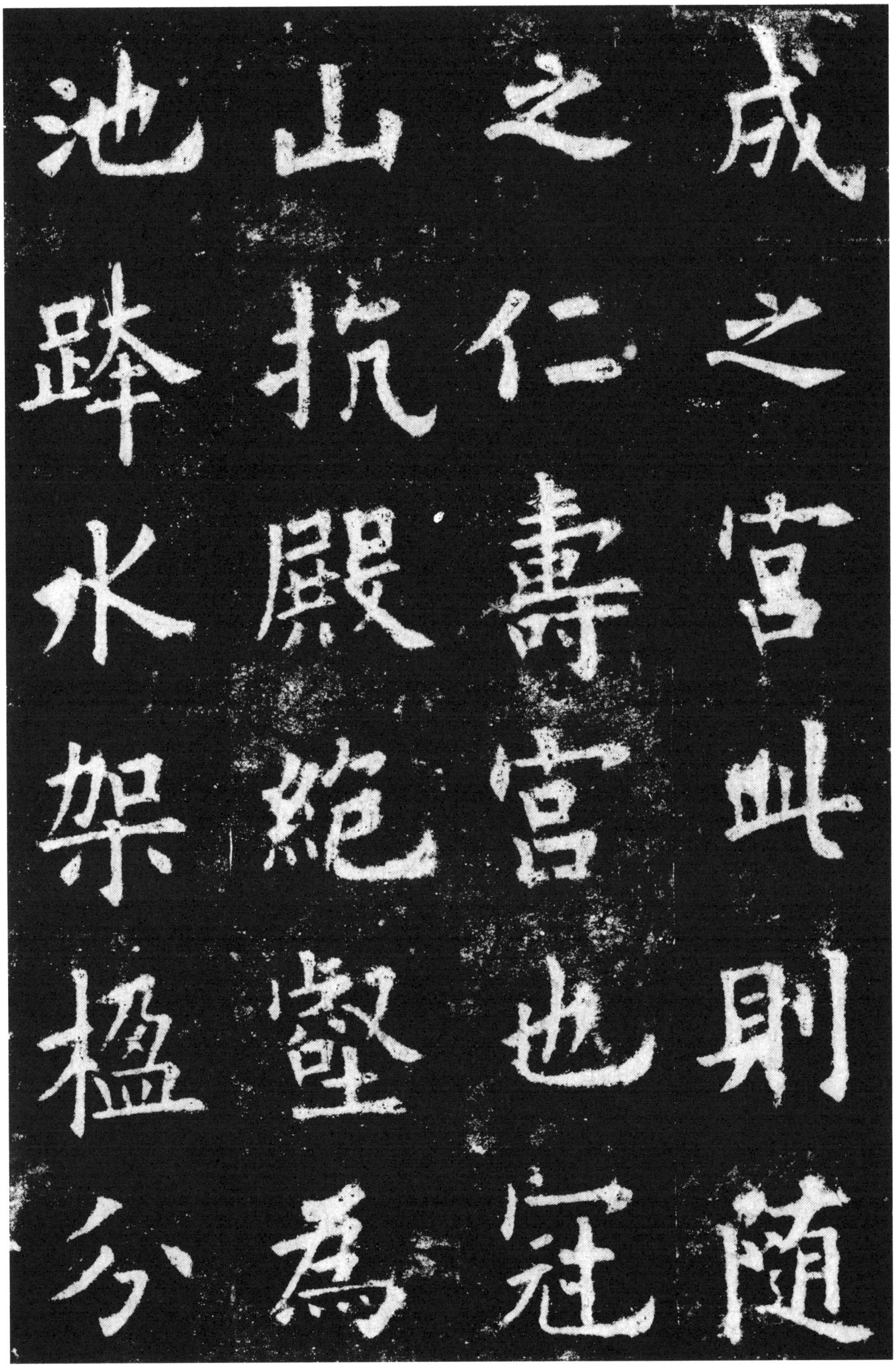

成之宫此则随（隋） 之仁寿宫也冠 山抗殿绝壑为 池跨水架楹分

岩竦阙高阁周　建长廊四起栋　宇（胶）葛台榭参　差仰视则迢递

百寻下临则峥　嵘千仞珠璧交　映金碧相晖照　灼云霞蔽亏日

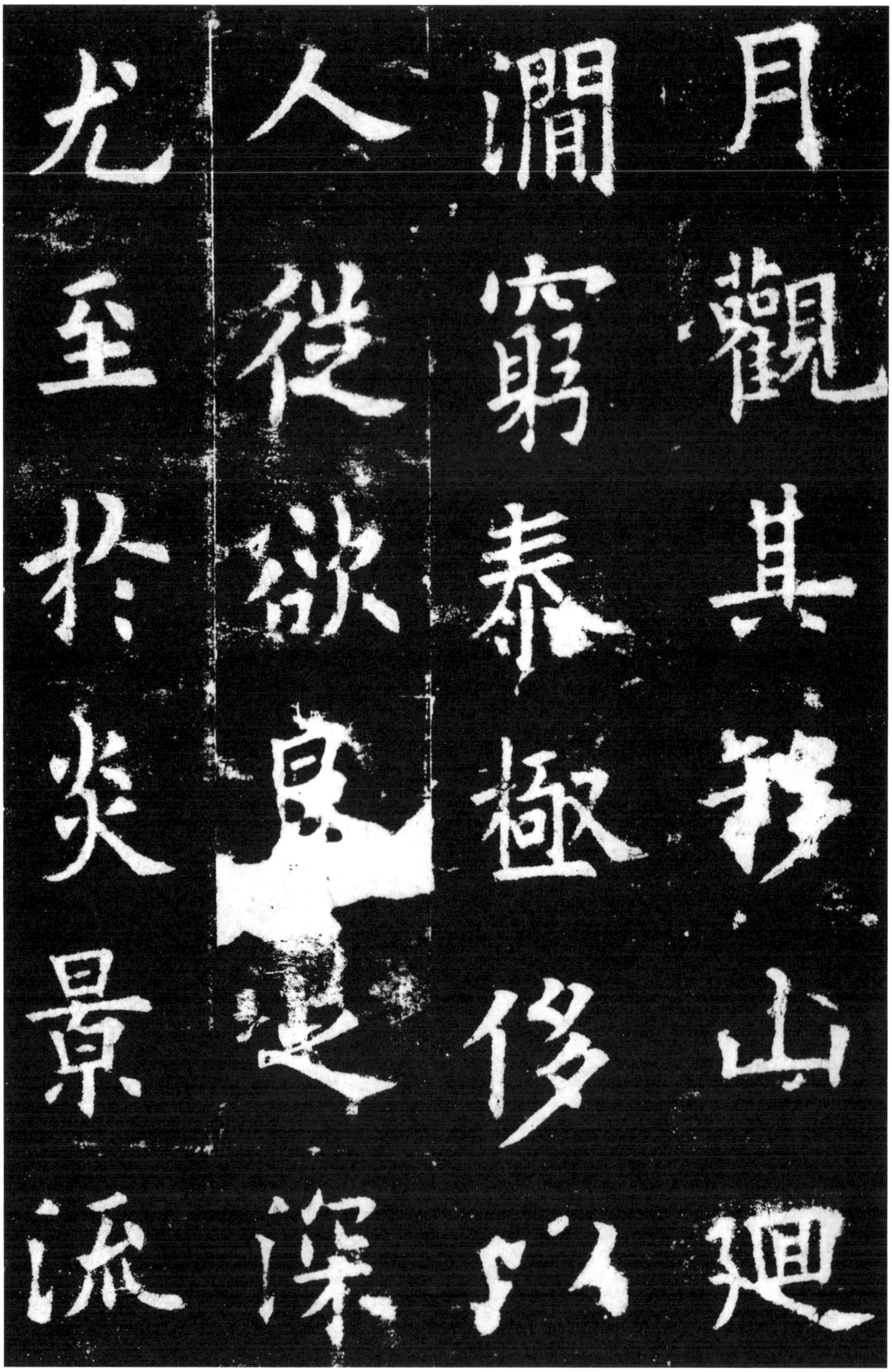

月观其移山回　涧穷泰极侈以　人从欲良足深　尤至于炎景流

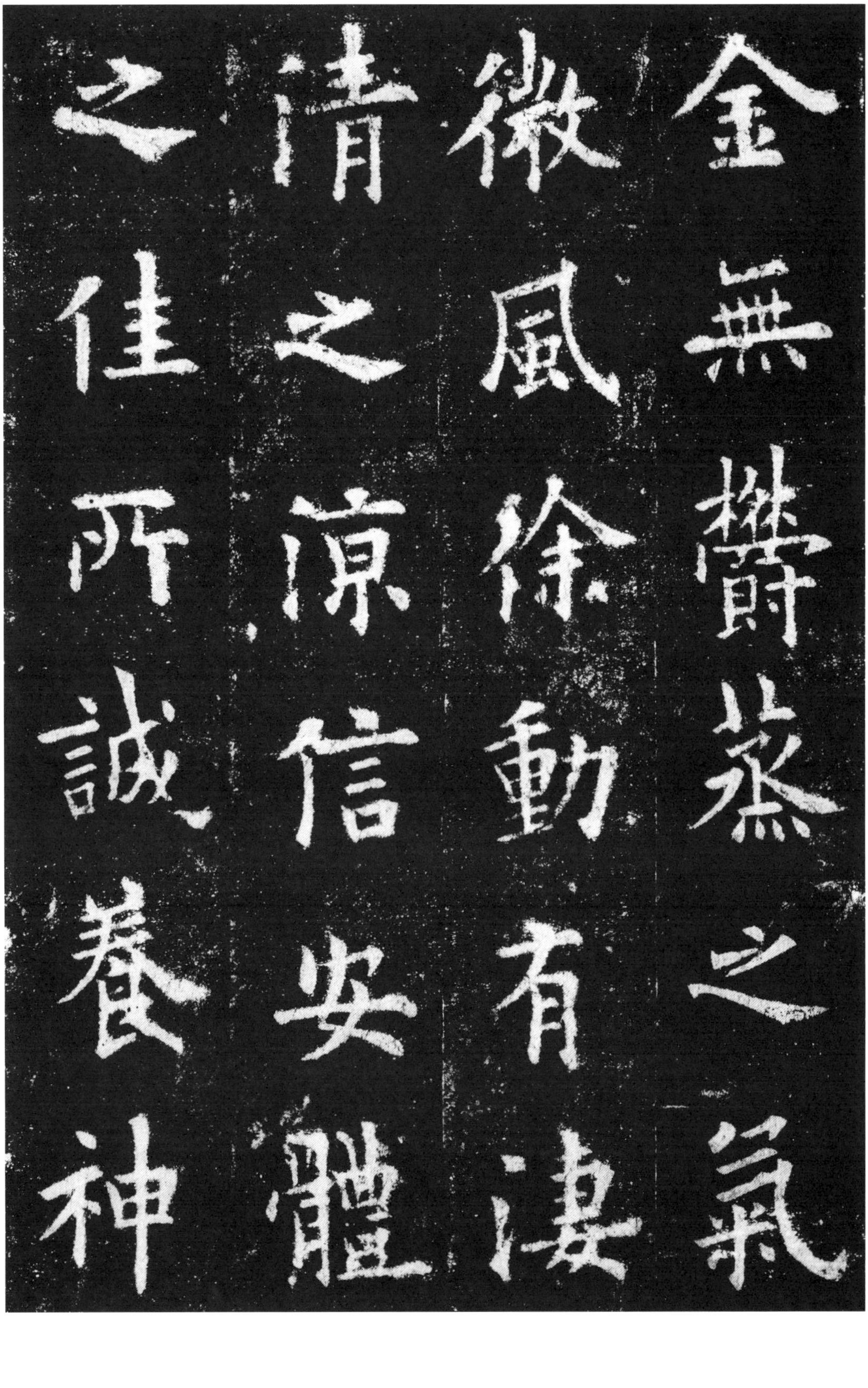
金無鬱蒸之氣
微風徐動有淒
清之涼信安體
之佳所誠養神

金无郁蒸之气　微风徐动有凄　清之凉信安体　之佳所诚养神

之胜地汉之甘　泉不能尚也　皇帝爰在弱冠　经营四方逮乎

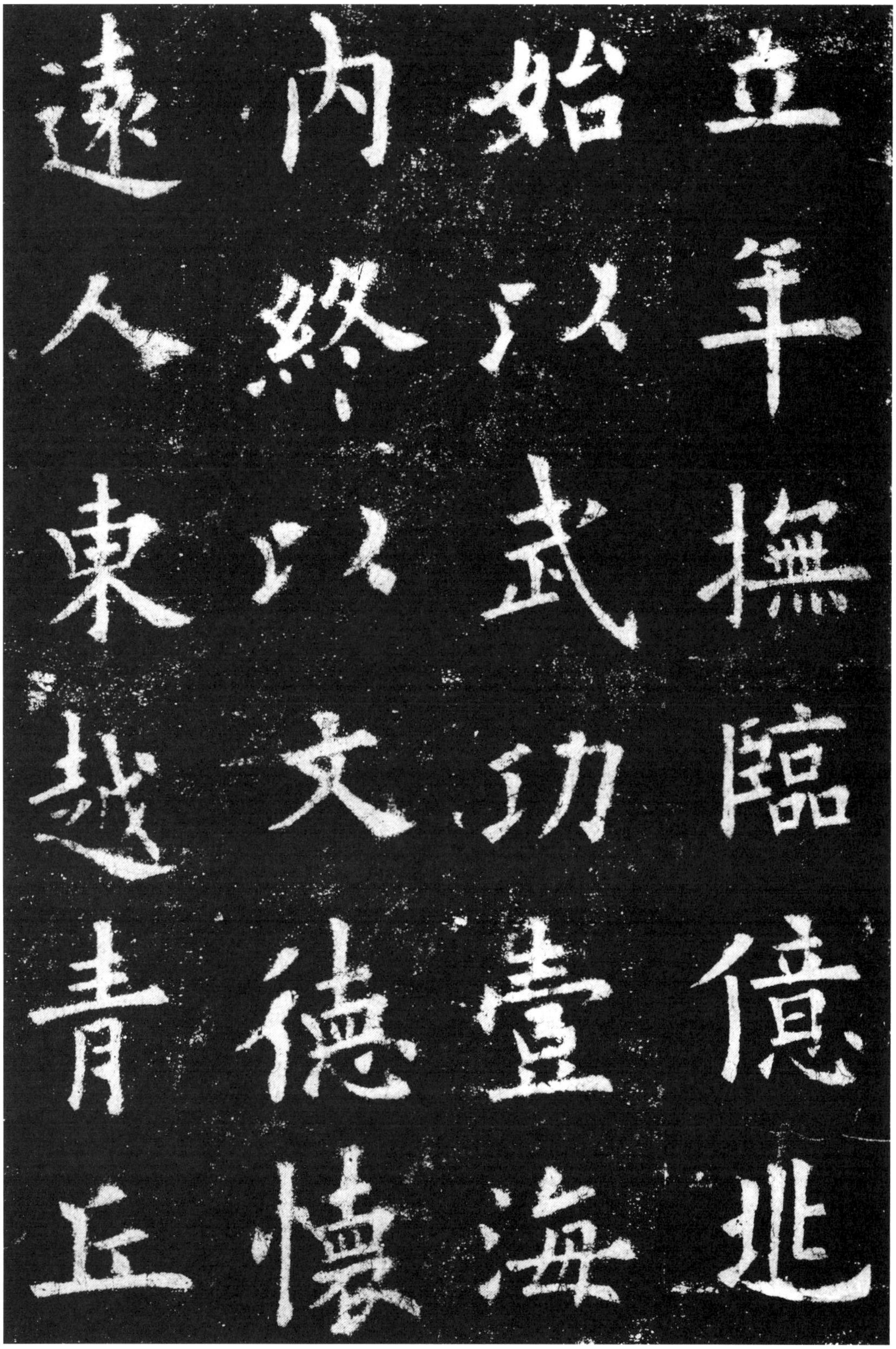

立年抚临亿兆　始以武功壹海　内终以文德怀　远人东越青丘

南逾丹徼皆献　琛奉贽重译来　王西暨轮台北　拒玄阙并地列

州县人充编户　气淑年和迩安　远肃群生咸遂　灵贶毕臻虽藉

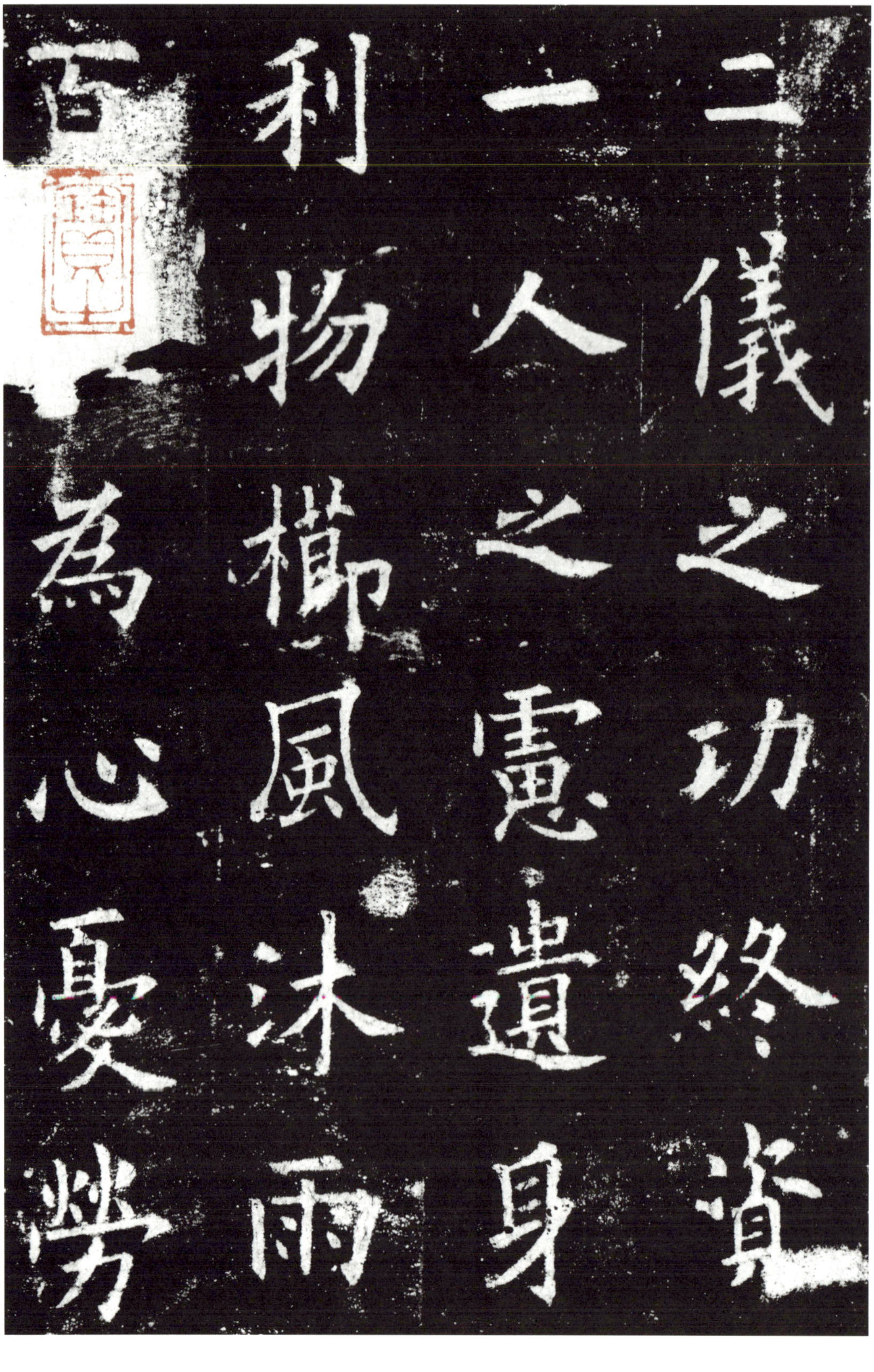
二儀之功終資
一人之慮遺身
利物櫛風沐雨
百爲心憂勞

二仪之功终资　一人之虑遗身　利物栉风沐雨　百（姓）为心忧劳

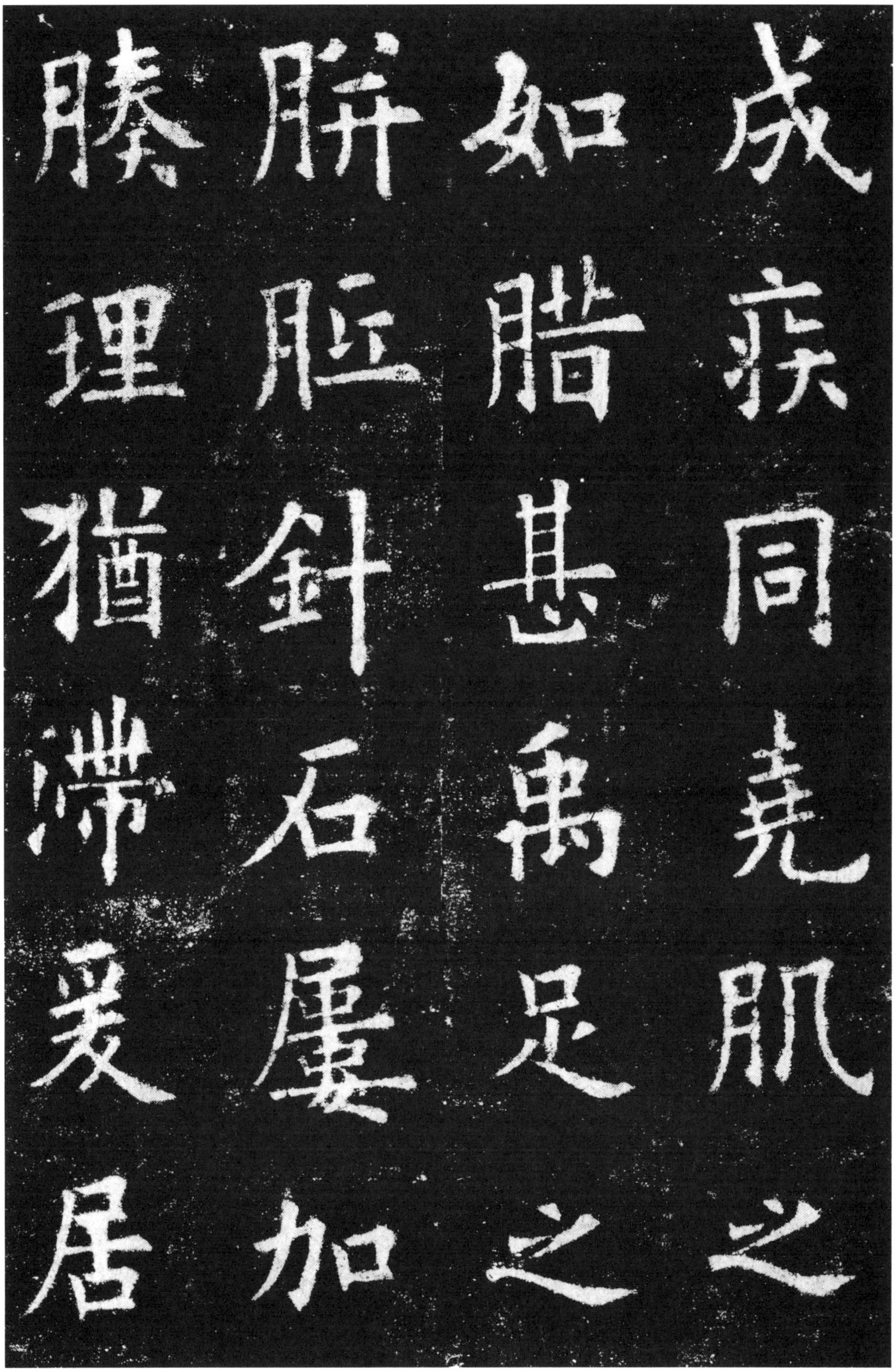

成疾同尧肌之　如腊甚禹足之　胼胝针石屡加　腠理犹滞爰居

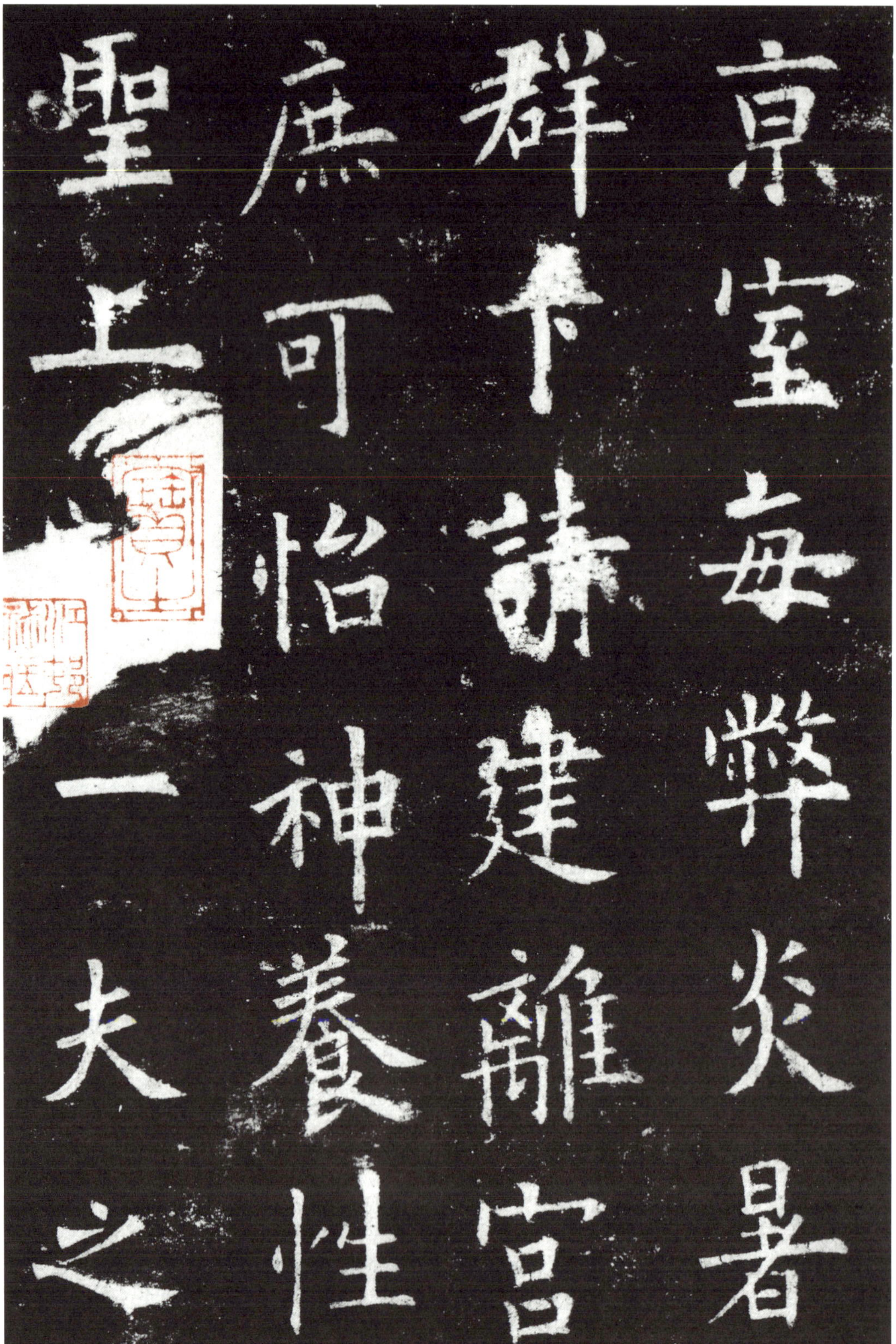

京室每弊炎暑　群下请建离宫　庶可怡神养性　圣上（爱）一夫之

力惜十家之产　深闭固拒未肯　俯从以为随（隋）氏　旧宫营于曩代

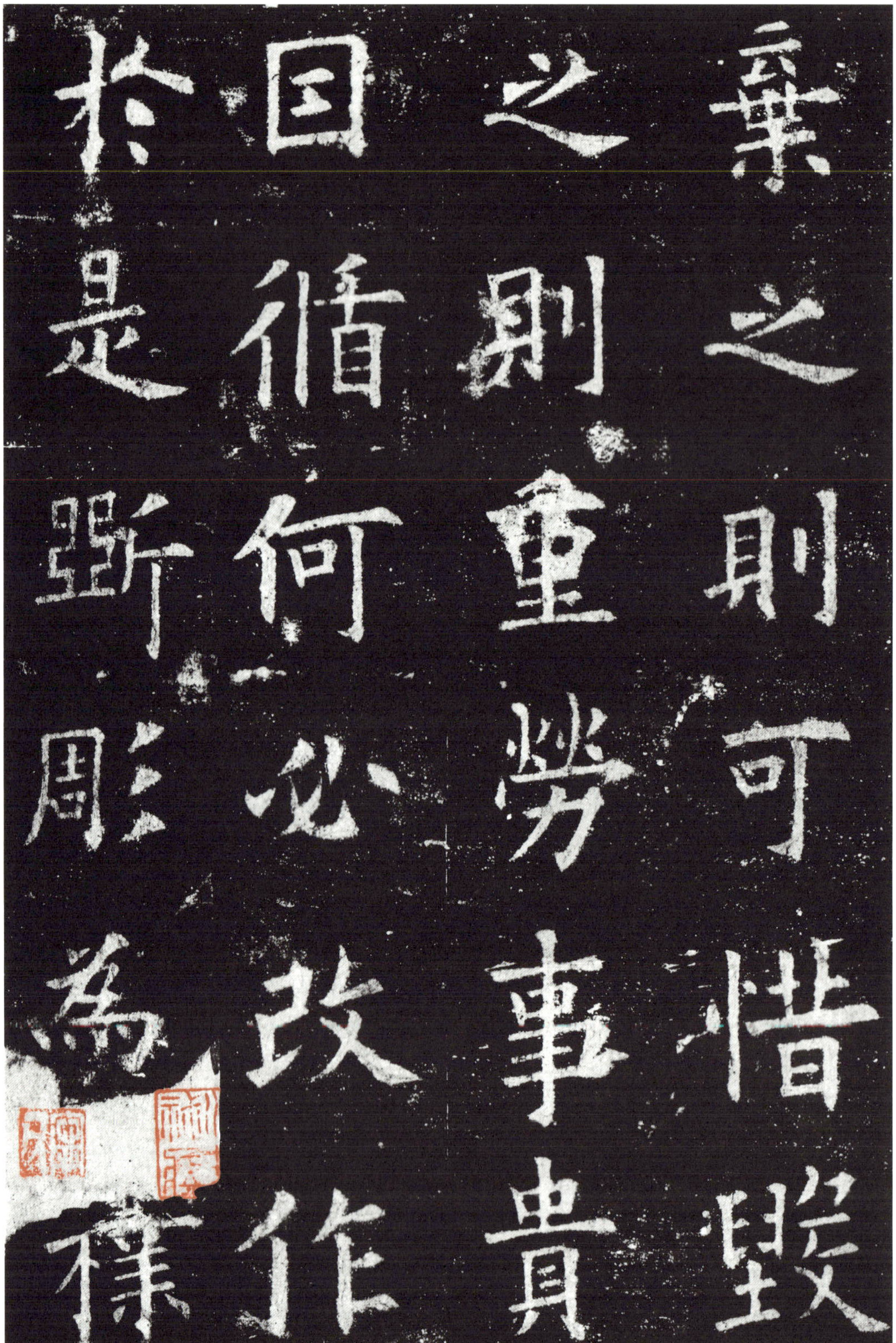
棄之則可惜毀
之則重勞事貴
因循何必改作
於是斲彫為樸

弃之则可惜毁　之则重劳事贵　因循何必改作　于是斫雕为朴

损之又损去其　泰甚葺其颓坏　杂丹墀以沙砾　间粉壁以涂泥

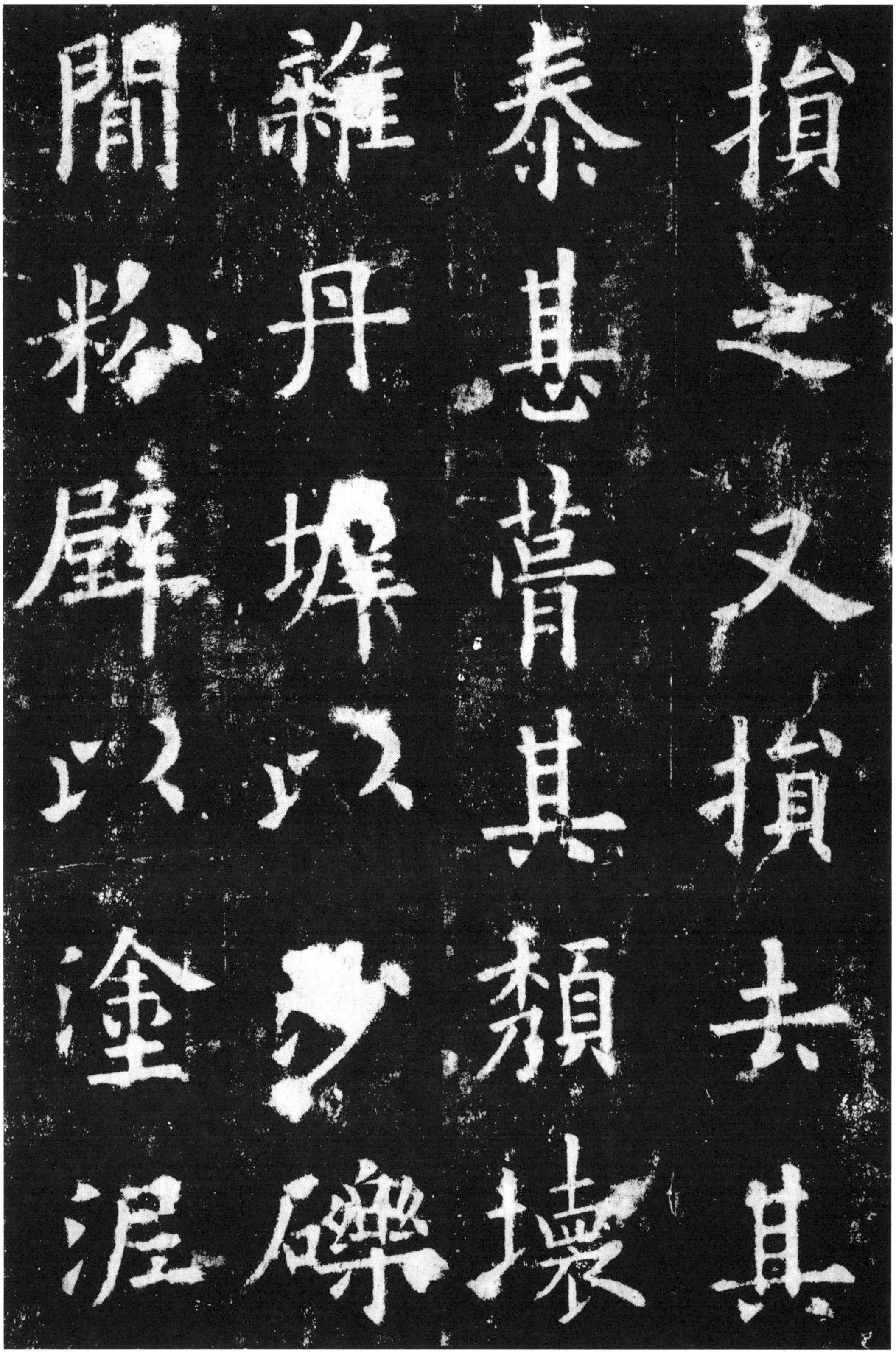
損之又損去其
泰甚葺其頽壞
雜丹墀以
礫
閒粉壁以塗泥

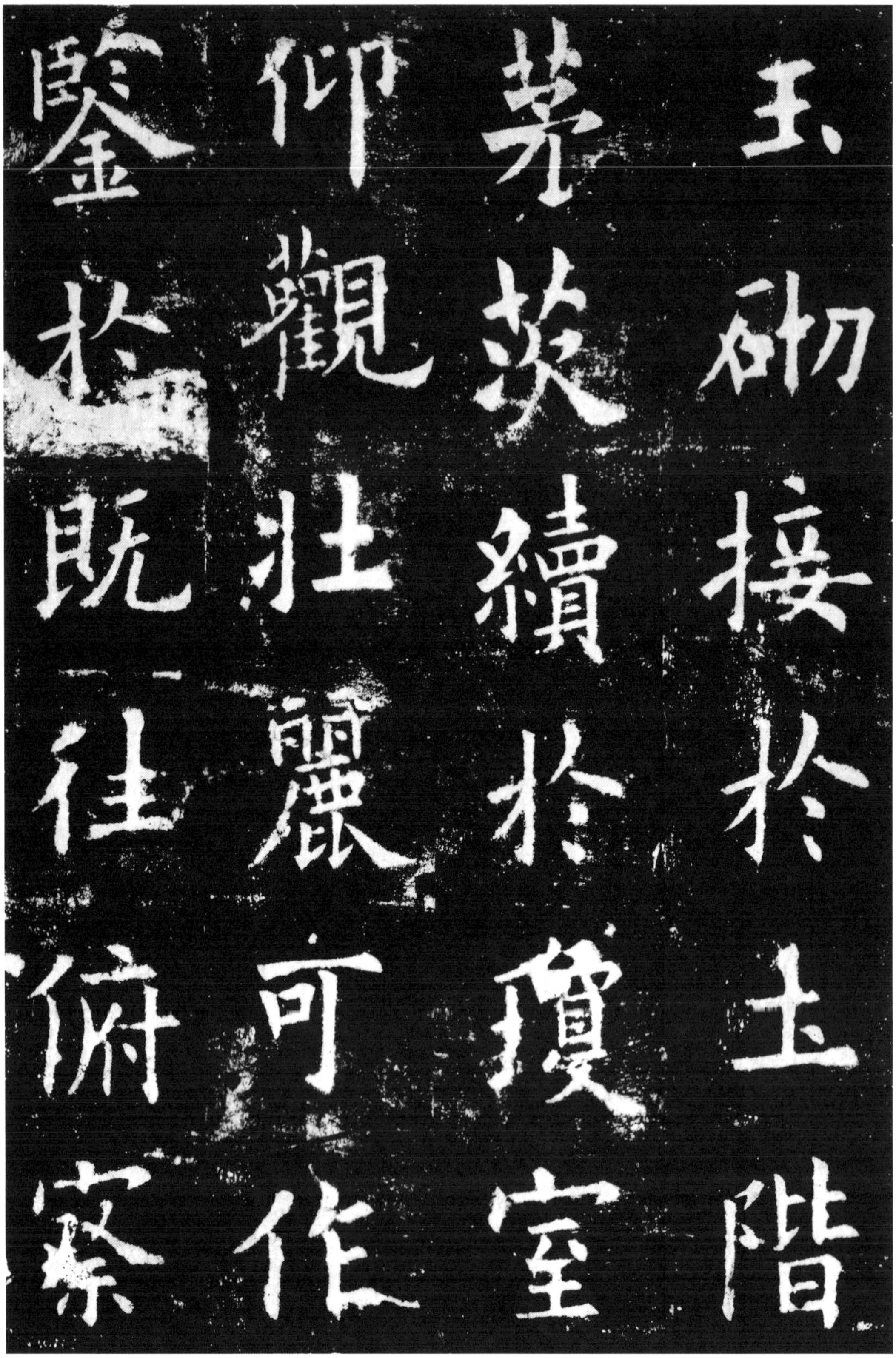

玉砌接于土阶　茅茨续于琼室　仰观壮丽可作　鉴于既往俯察

卑俭足垂训于 后昆此所谓至 人无为大圣不 作彼竭其力我

享其功者也然　昔之池沼咸引　谷涧宫城之内　本乏水源求而

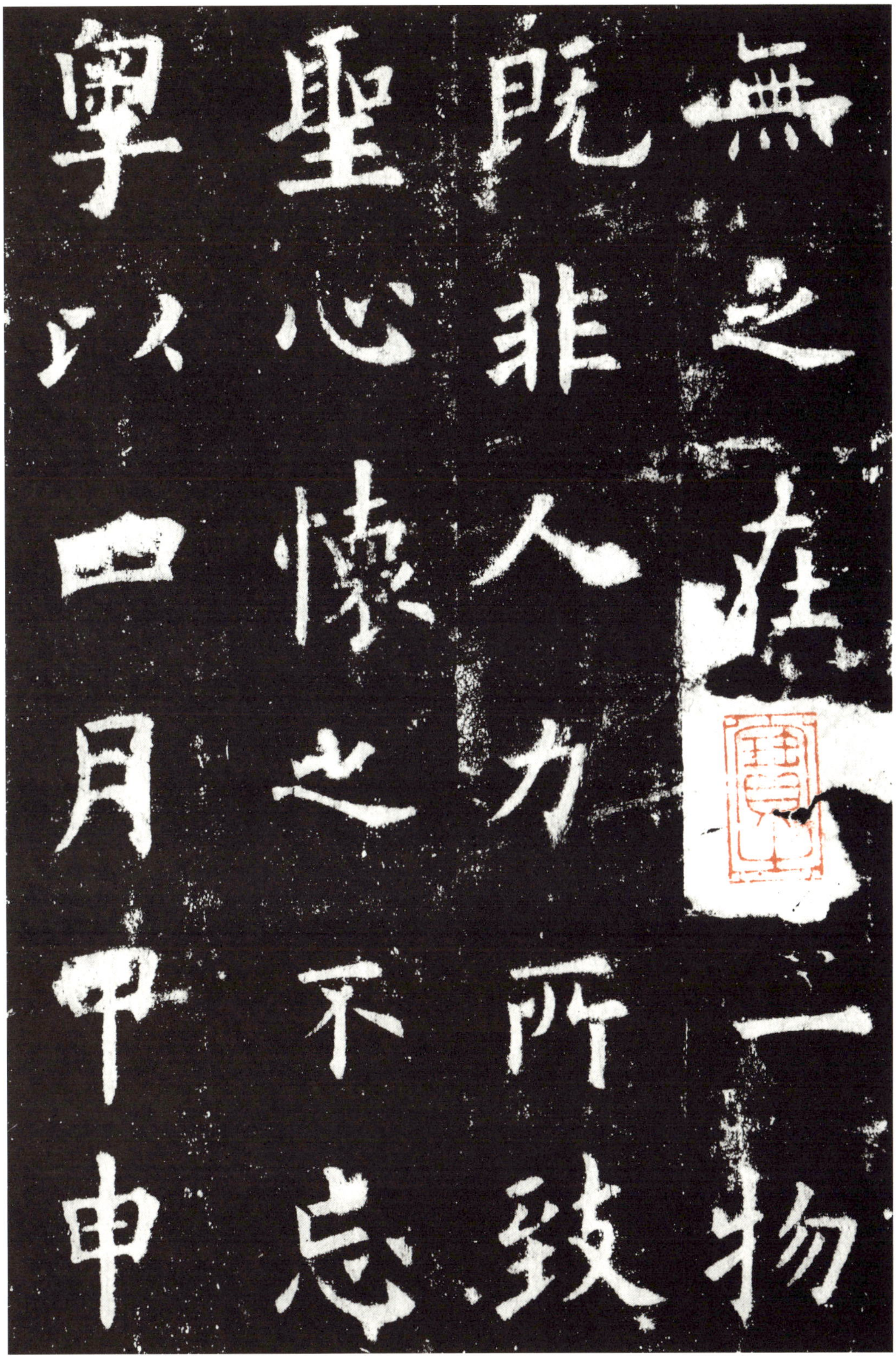

無之在一物
既非人力所致
聖心懷之不忘
粤以四月甲申

无之在（乎）一物 既非人力所致 圣心怀之不忘 粤以四月甲申

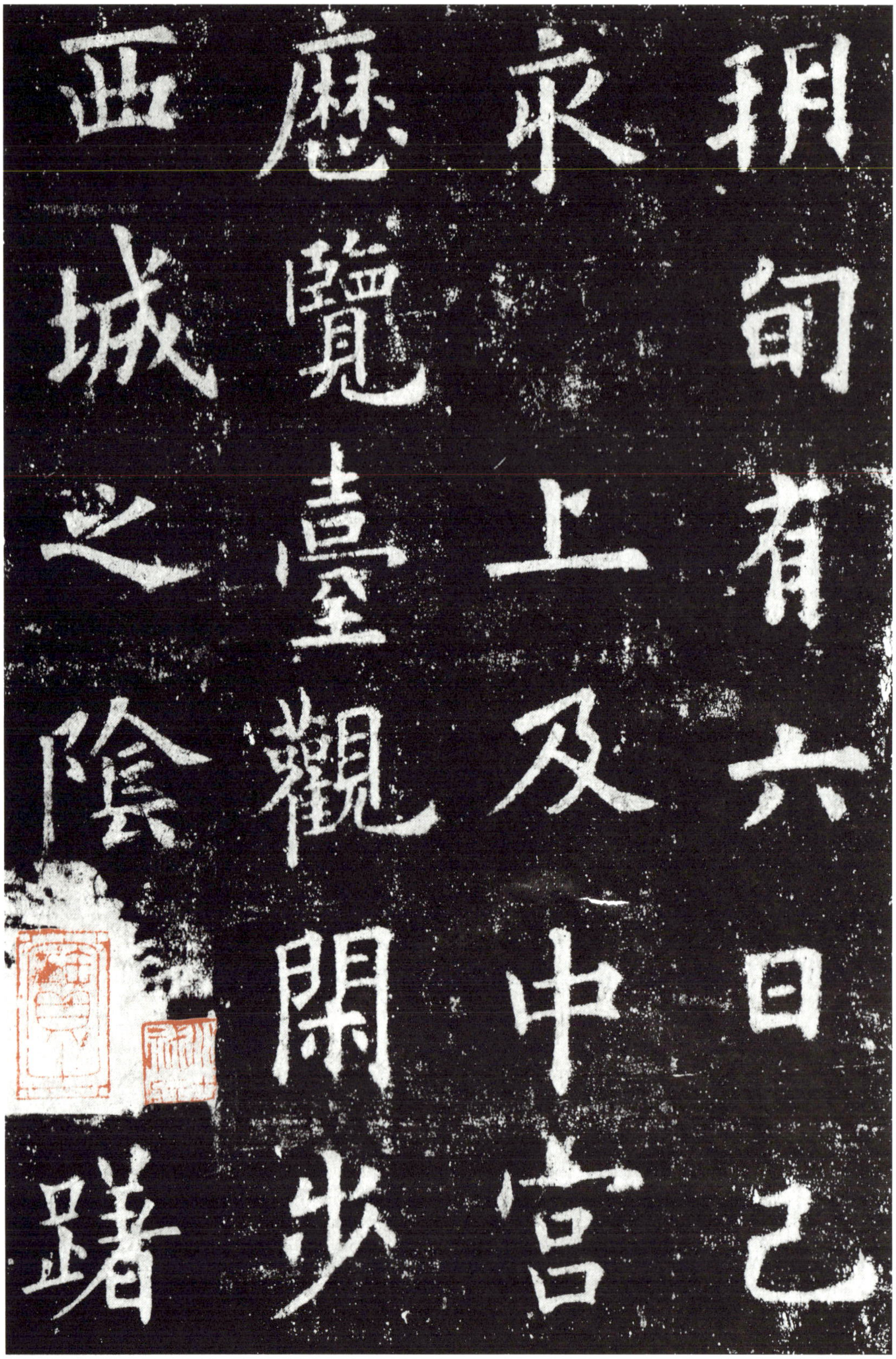

朔旬有六日己　亥上及中宫　历览台观闲步　西城之阴（踌）躇

高阁之下（俯）察　厥土微觉有润　因而以杖导之　有泉随而涌出

乃承以石槛引　为一渠其清若　镜味甘如醴南　注丹霄之石东

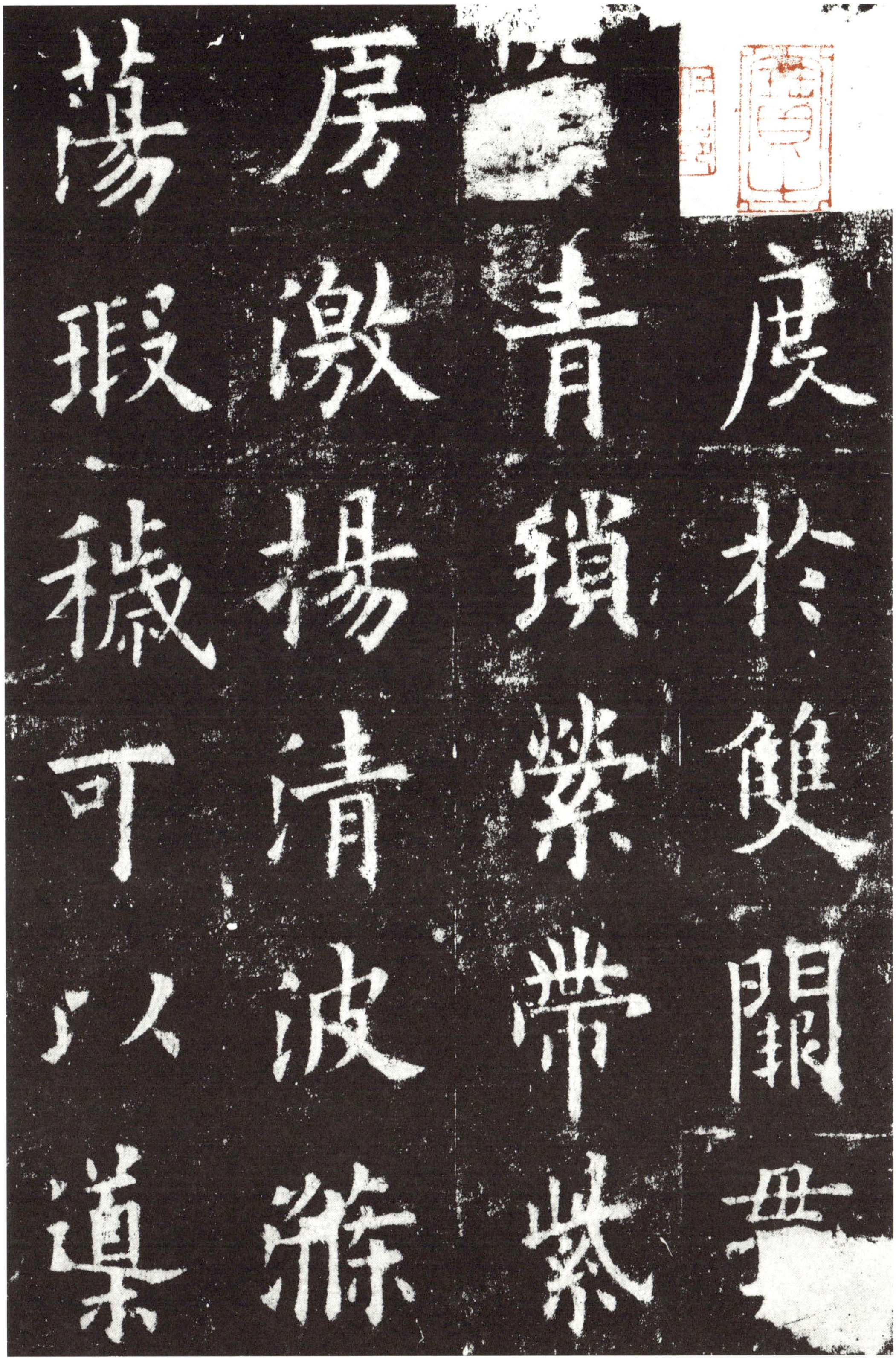

（流）度于双阙贯　（穿）青琐萦带紫　房激扬清波涤　荡瑕秽可以导

养正性可以澄　莹心神鉴映群　形润生万物同　湛恩之不竭将

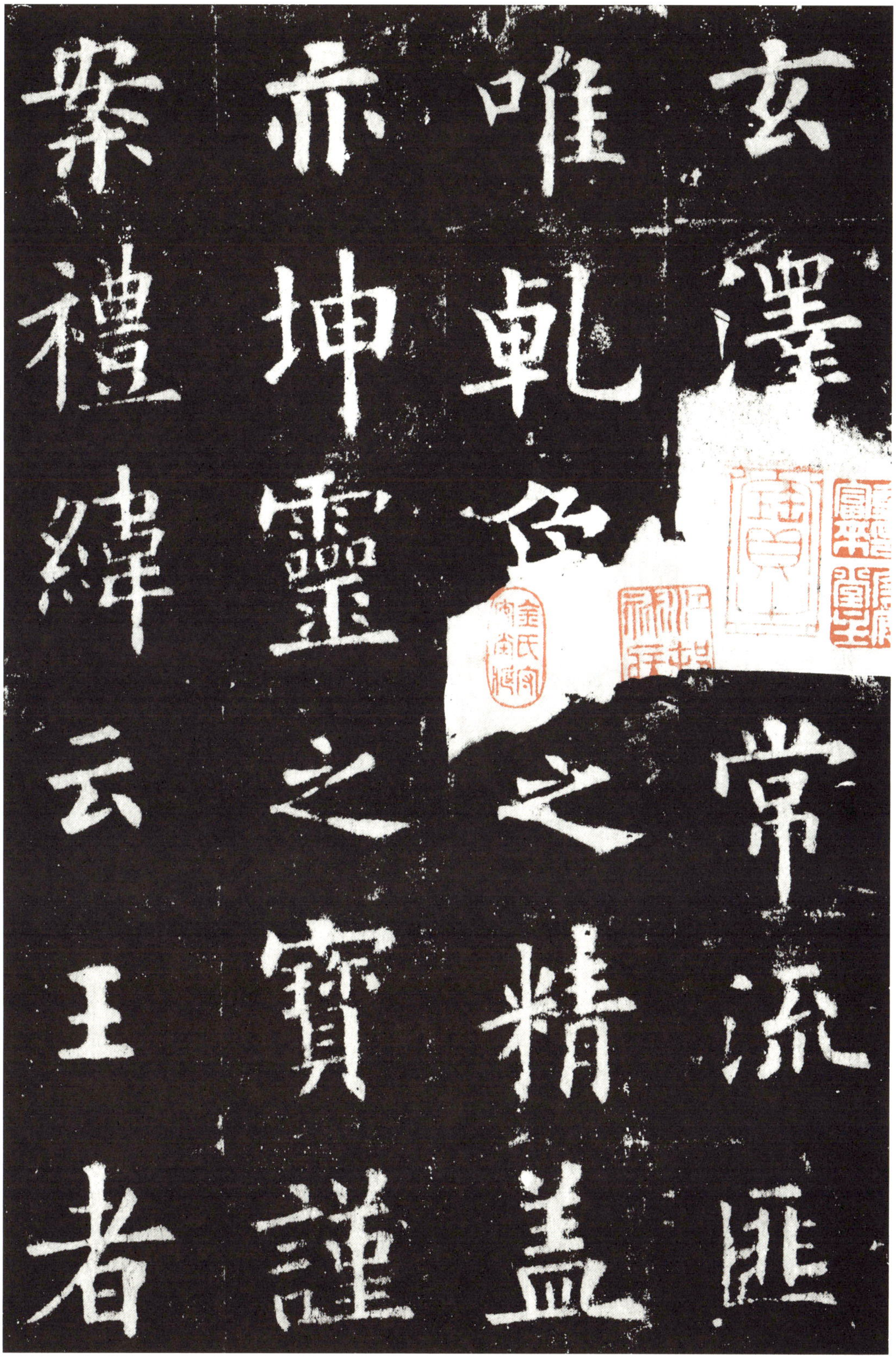

玄泽（以）常流匪　唯乾象之精盖　亦坤灵之宝谨　案礼纬云王者

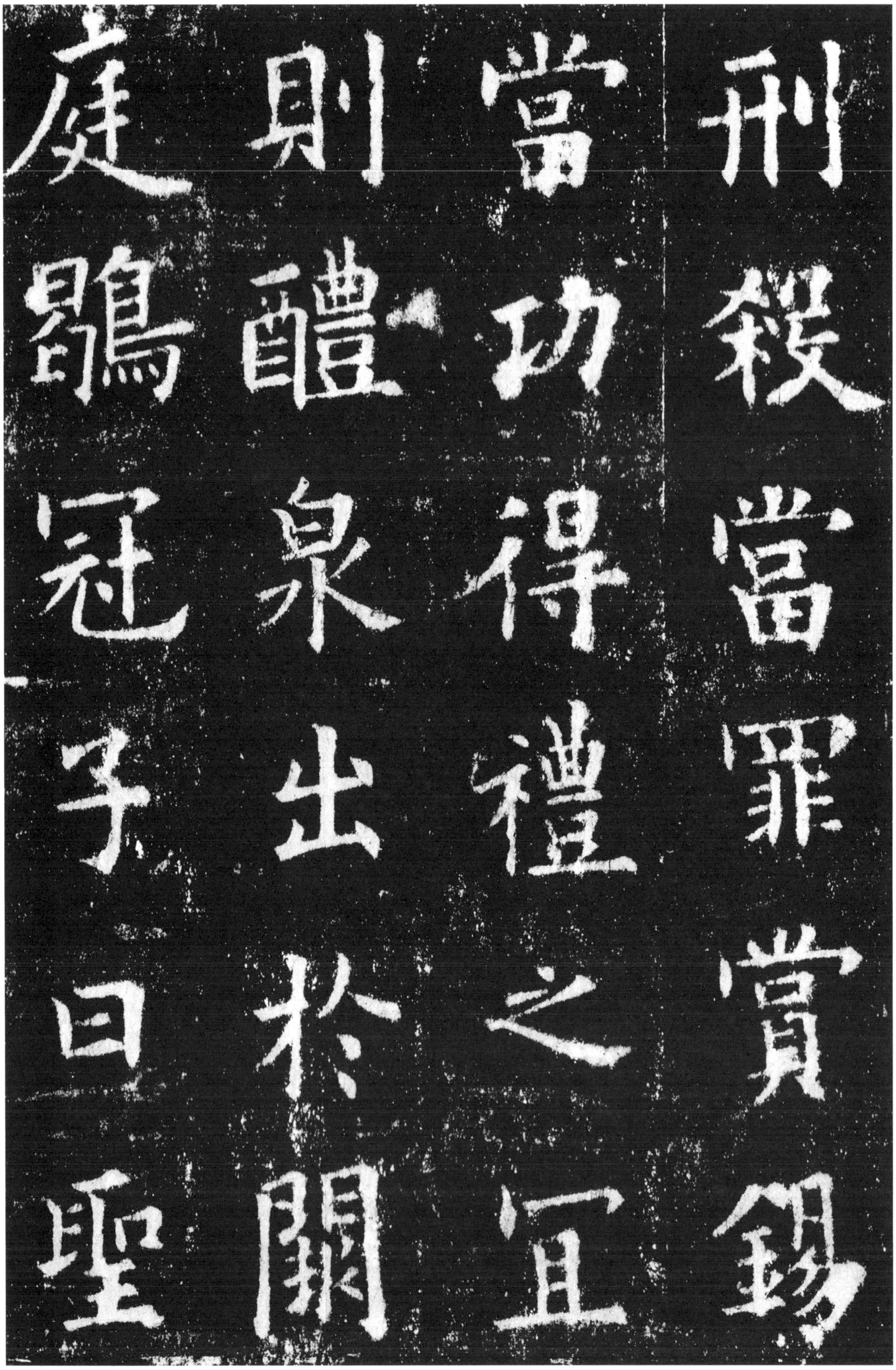

刑杀当罪赏锡　当功得礼之宜　则醴泉出于阙　庭鹖冠子曰圣

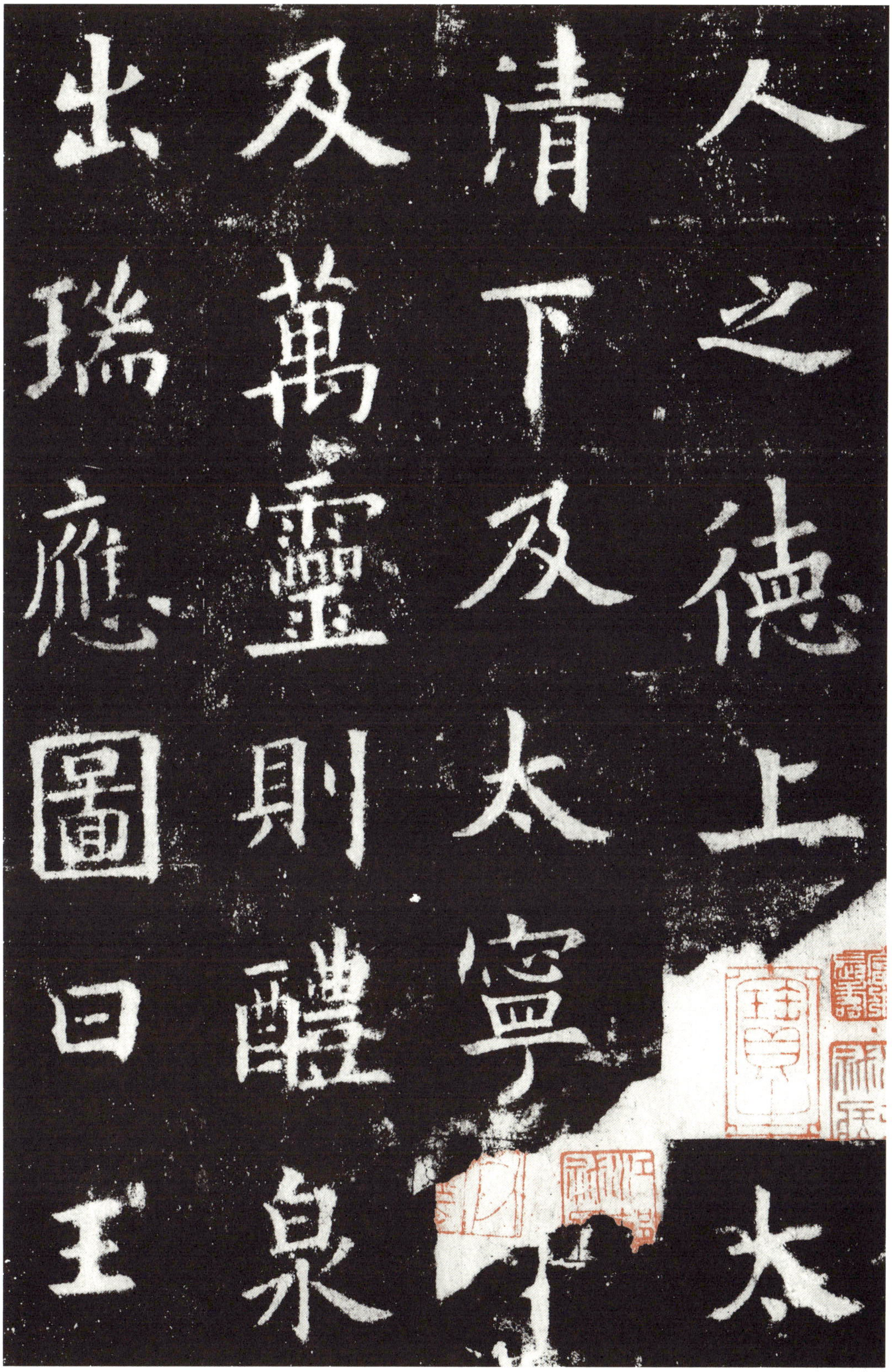

人之德上（及）太　清下及太宁中　及万灵则醴泉　出瑞应图曰王

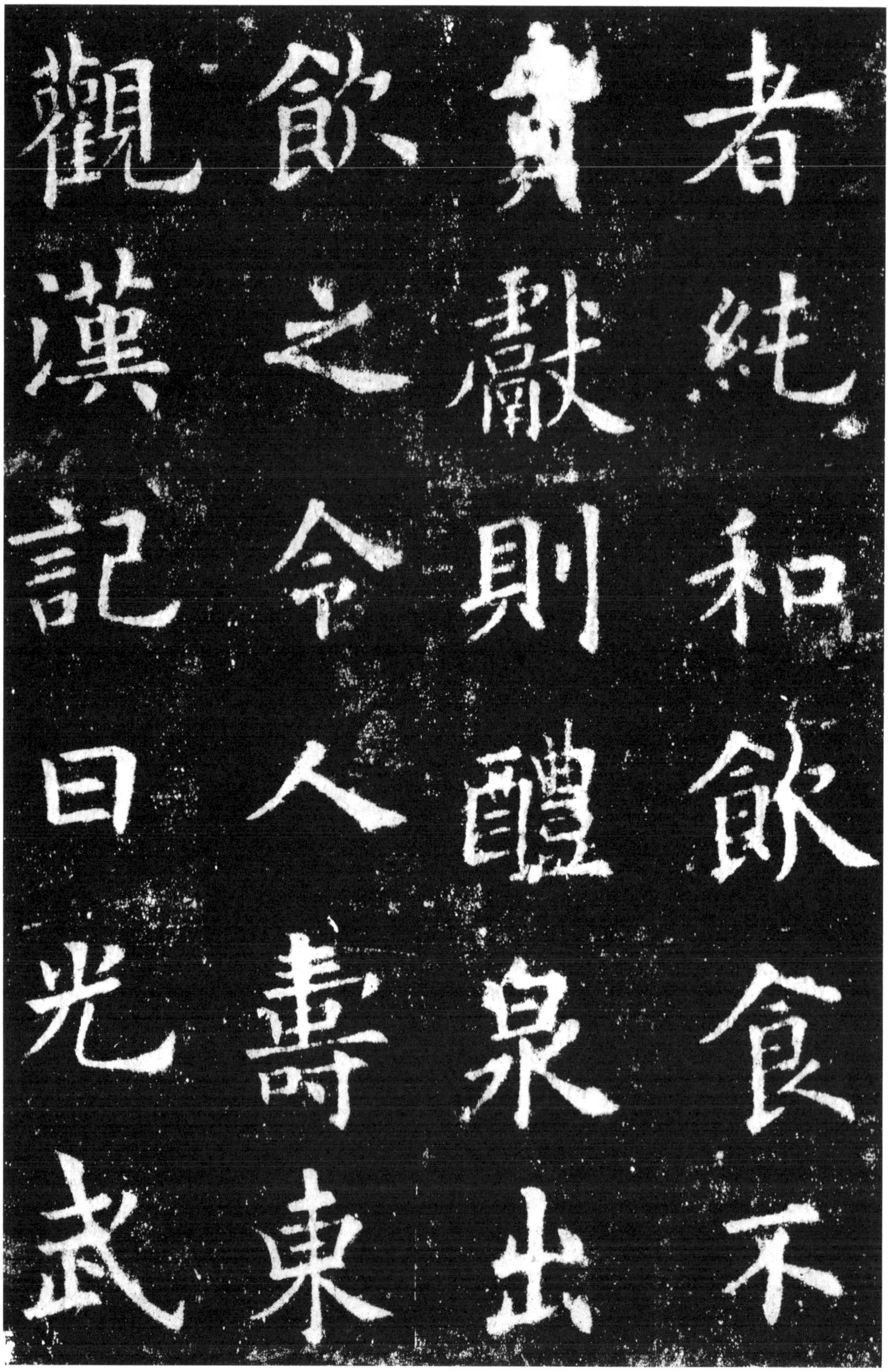
者純和飲食不
貢獻則醴泉出
飲之令人壽東
觀漢記曰光武

者纯和饮食不　贡献则醴泉出　饮之令人寿东　观汉记曰光武

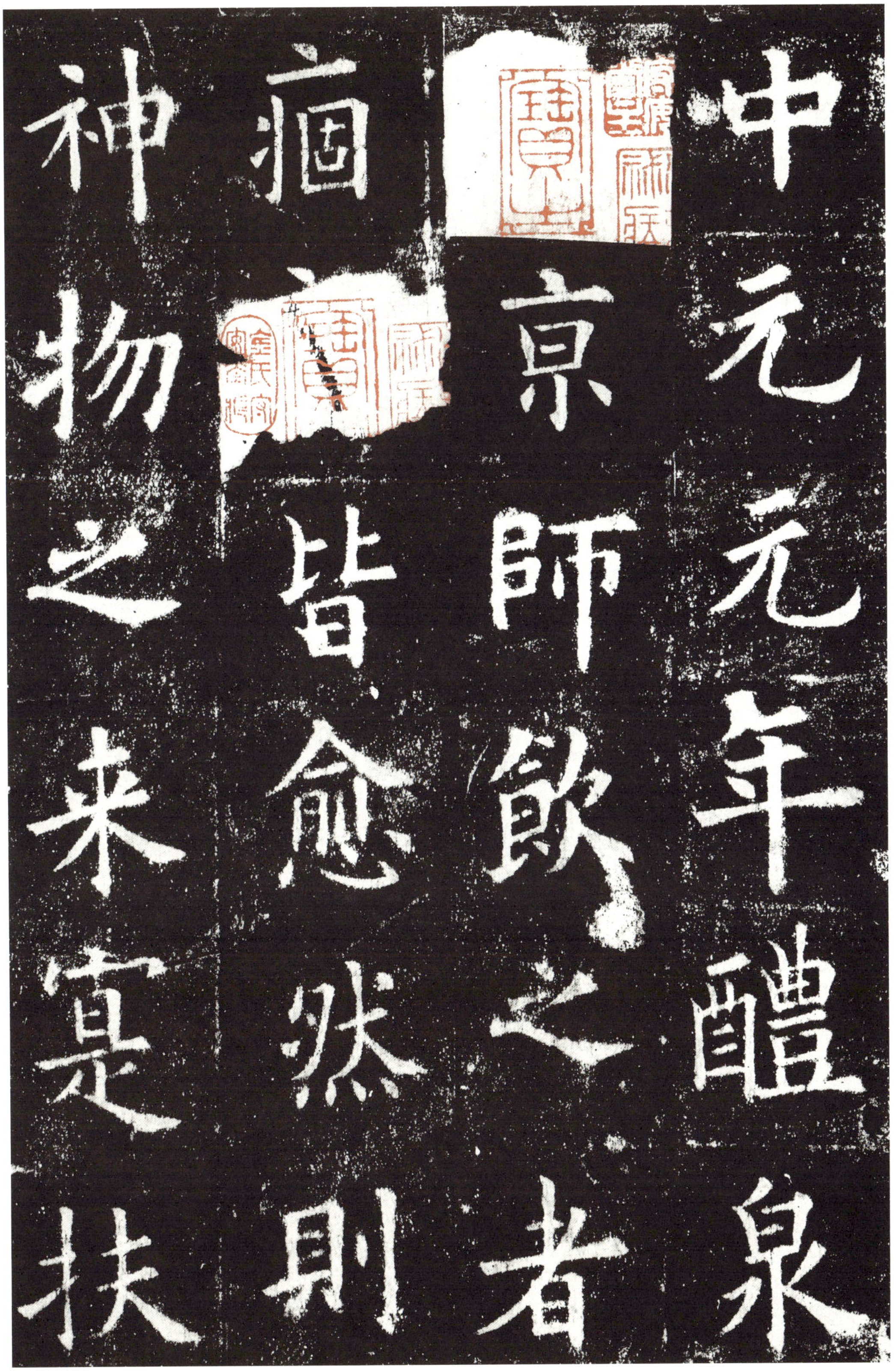
中元元年醴泉
京師飲之者
痼皆愈然則
神物之來寔扶

中元元年醴泉（出）京师饮之者 痼（疾）皆愈然则 神物之来实扶

明圣既可蠲兹　沉痼又将延彼　遐龄是以百辟　卿士相趋动色

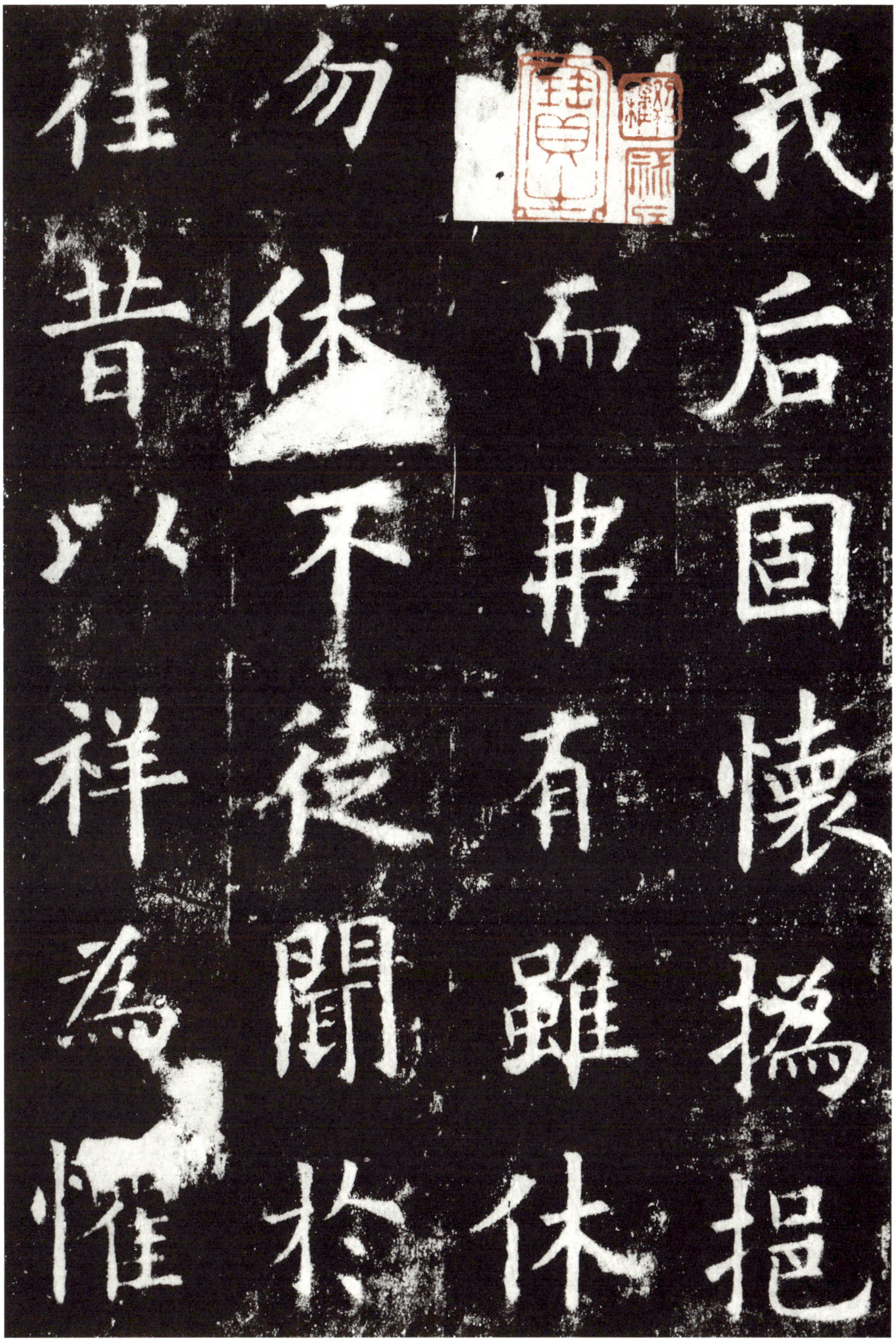

我后固怀㧑挹（推）而弗有虽休　勿休不徒闻于　往昔以祥为惧

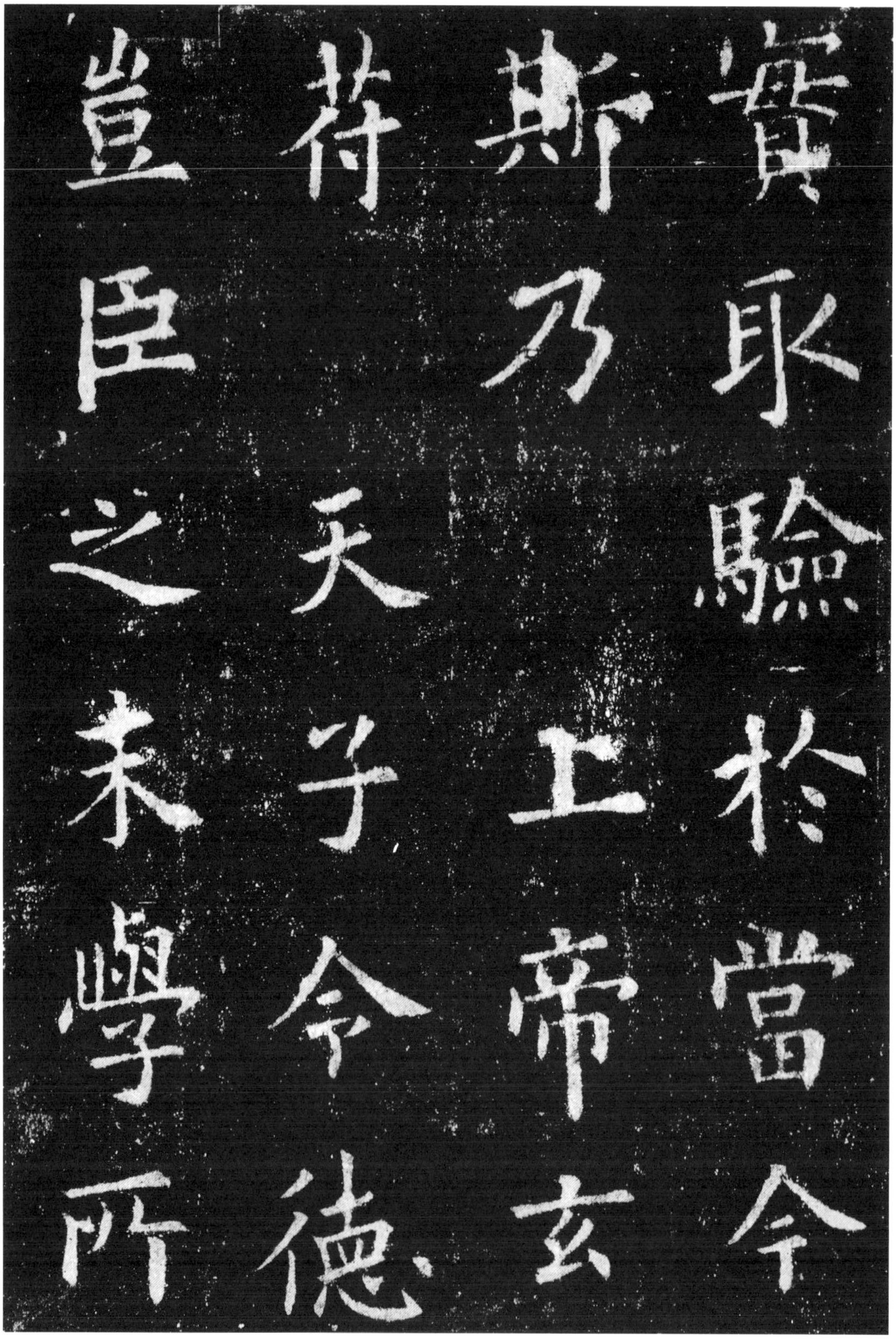
實取驗於當今
斯乃上帝玄
苻天子令德
豈臣之末學所

实取验于当今　斯乃上帝玄　苻天子令德　岂臣之末学所

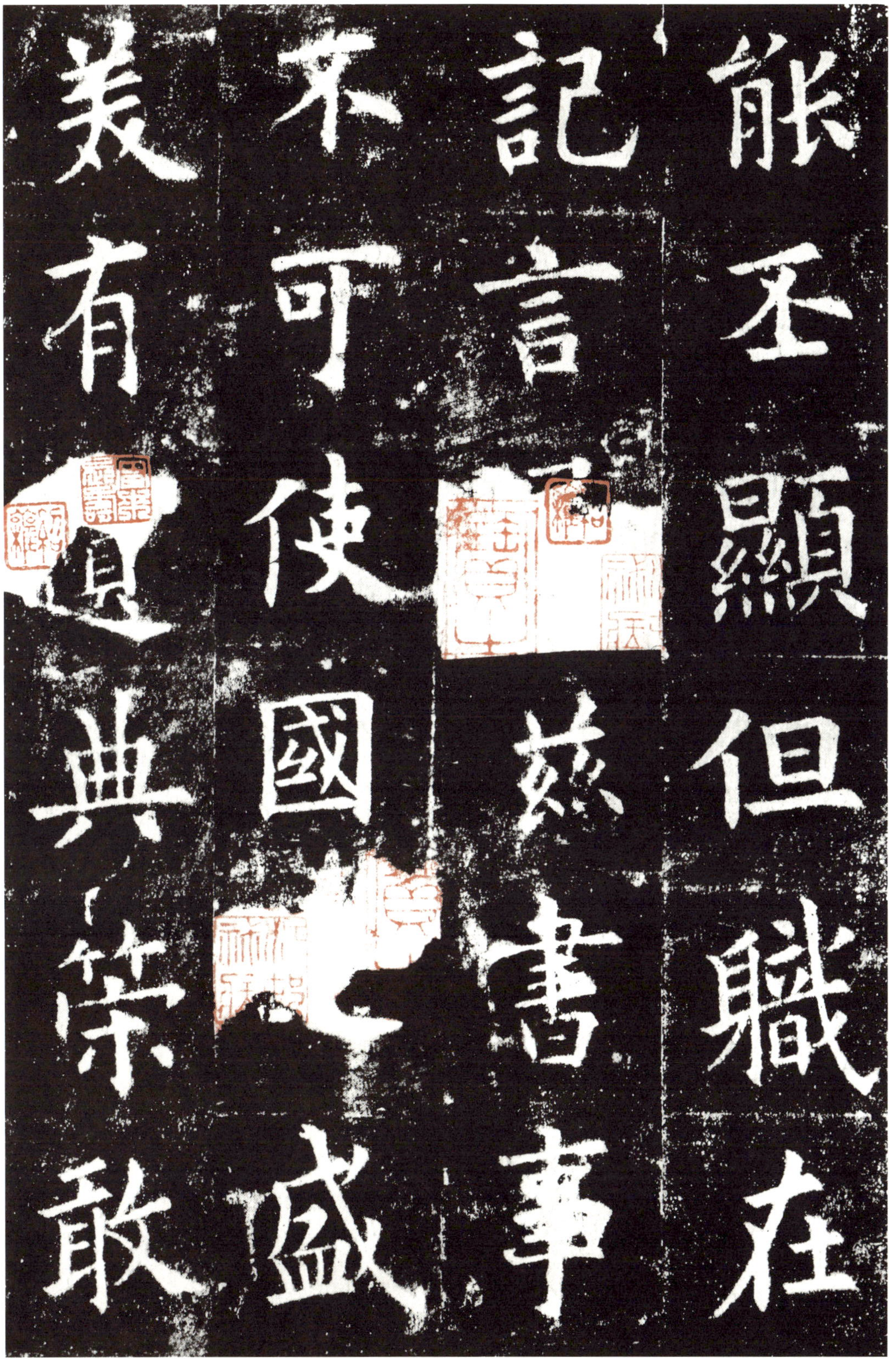

能丕显但职在　记言（属）兹书事　不可使国（之）盛　美有遗典策敢

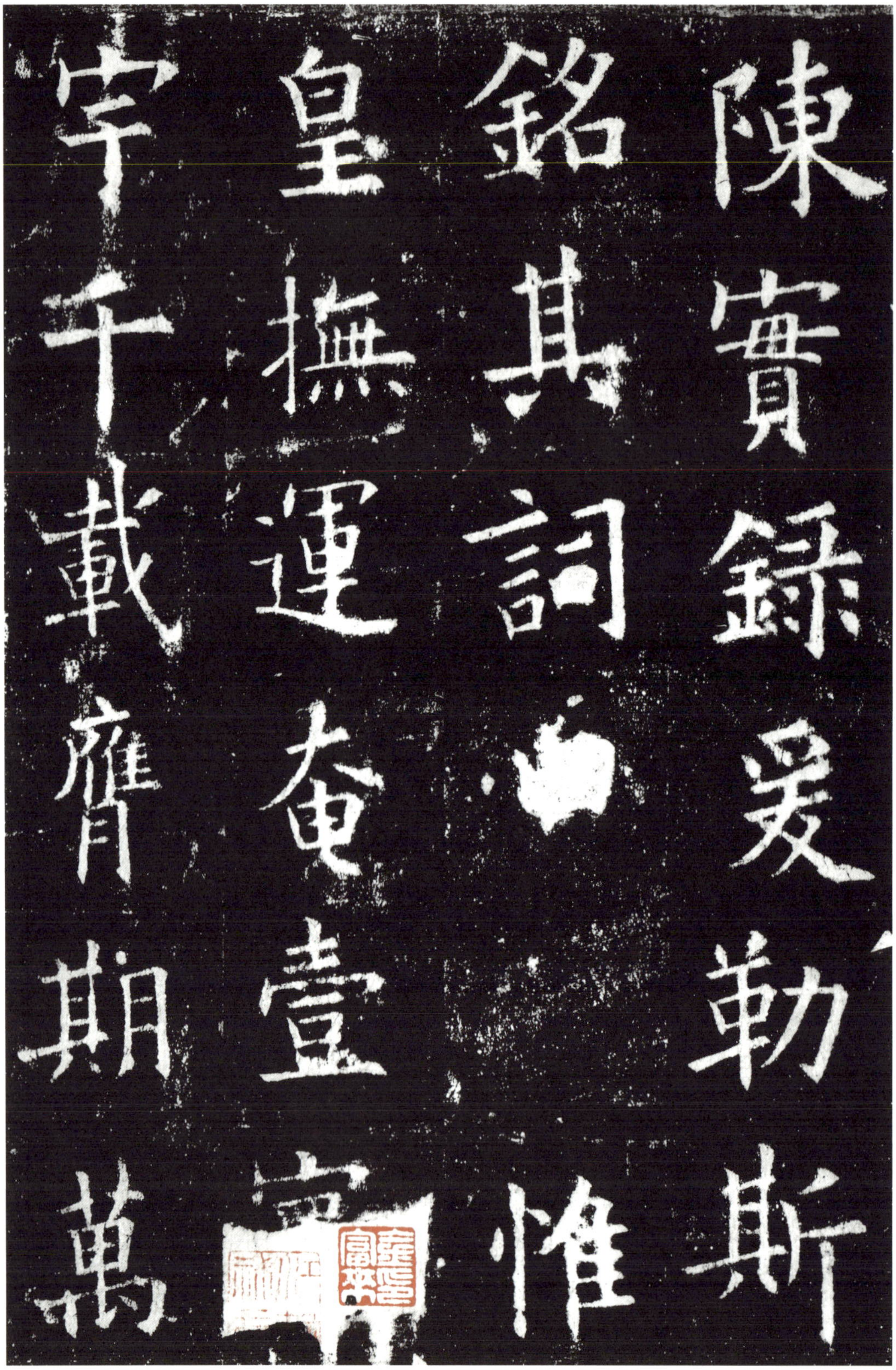

陈实录爰勒斯　铭其词曰惟　皇抚运奄壹寰　宇千载膺期万

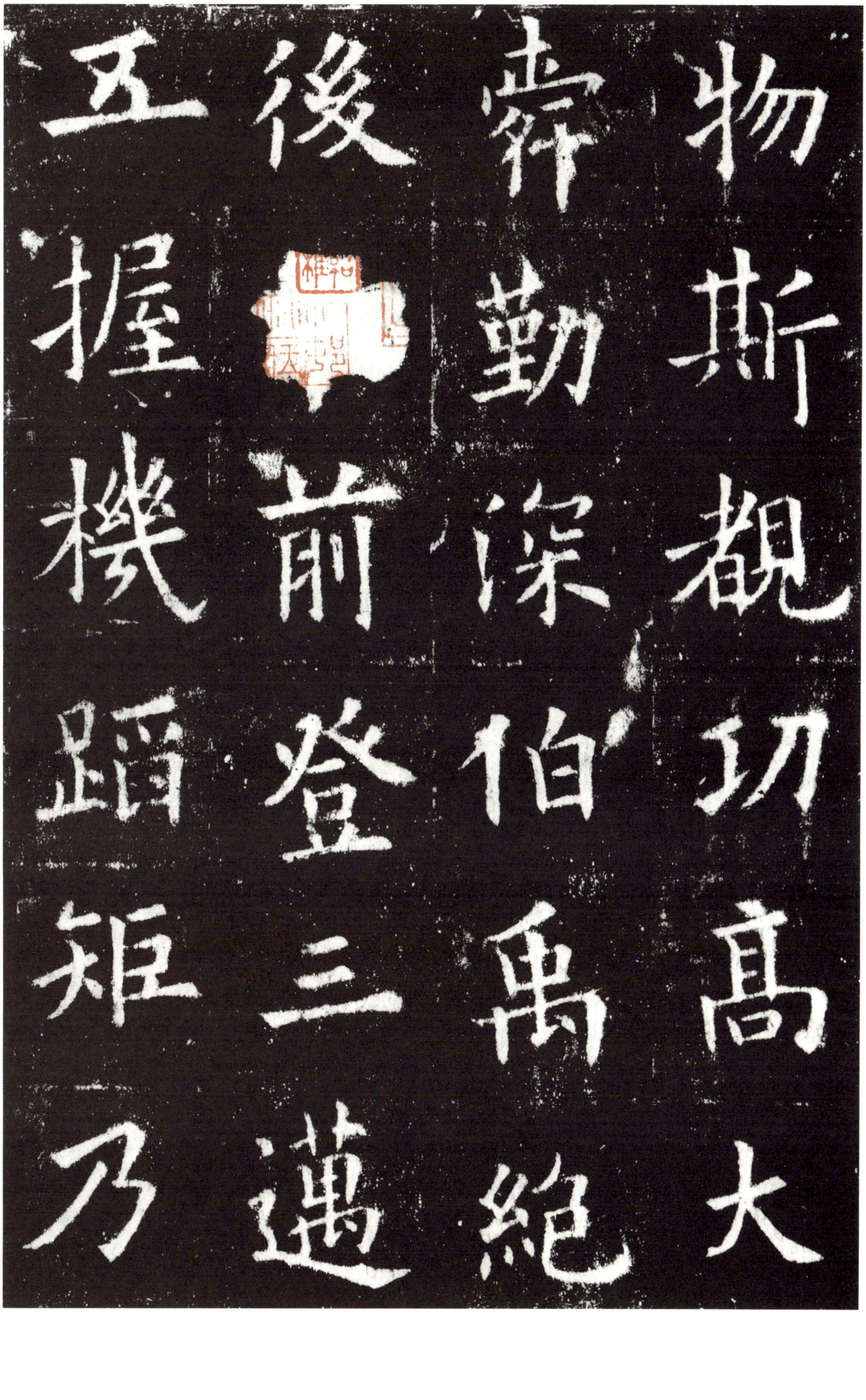

物斯睹功高大　舜勤深伯禹绝　后（承）前登三迈　五握机蹈矩乃

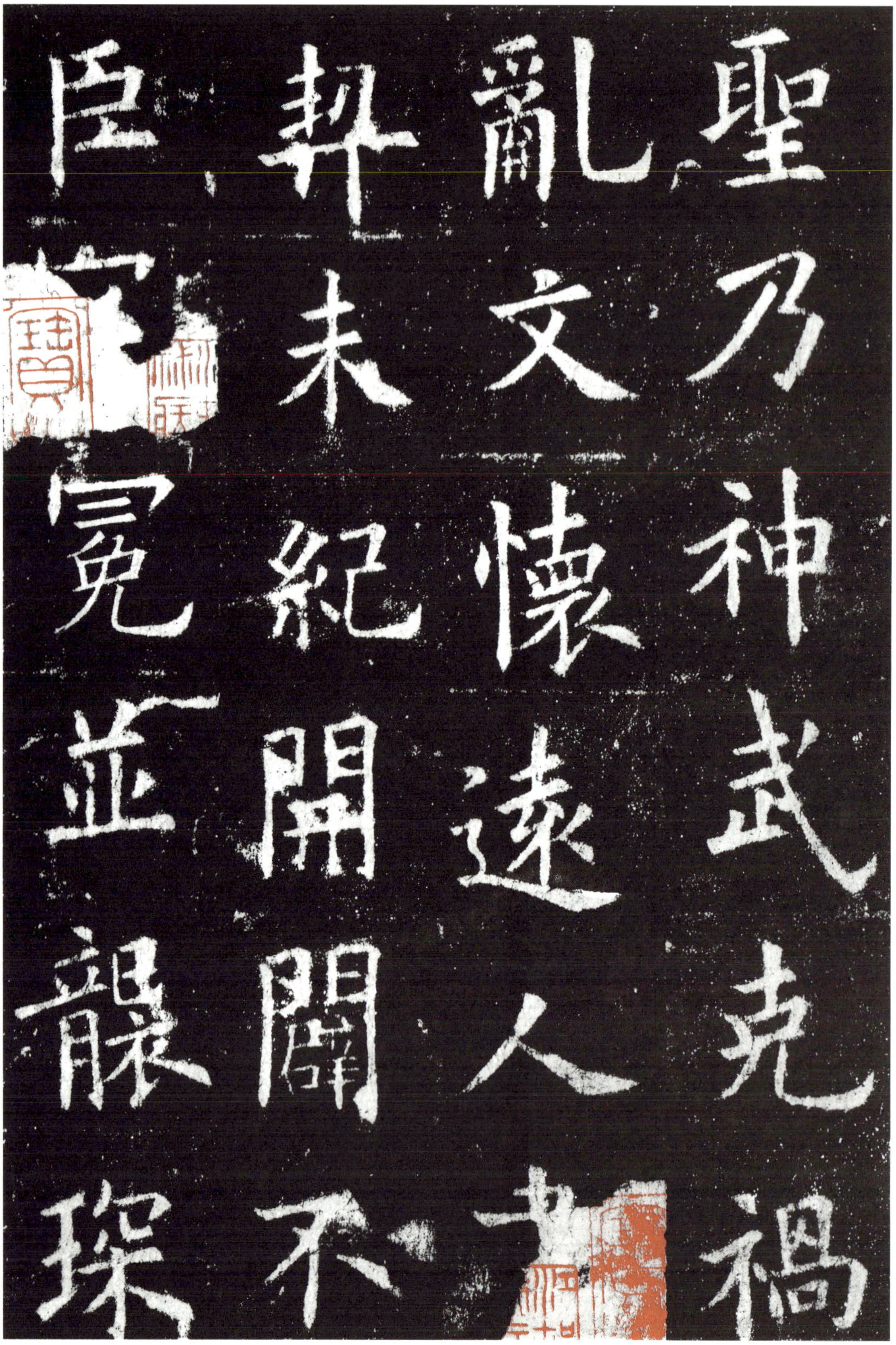

圣乃神武克祸　乱文怀远人书　契未纪开辟不　臣冠冕并袭琛

赘咸陈大道无　名上德不德玄　功潜运几深莫　测凿井而饮耕

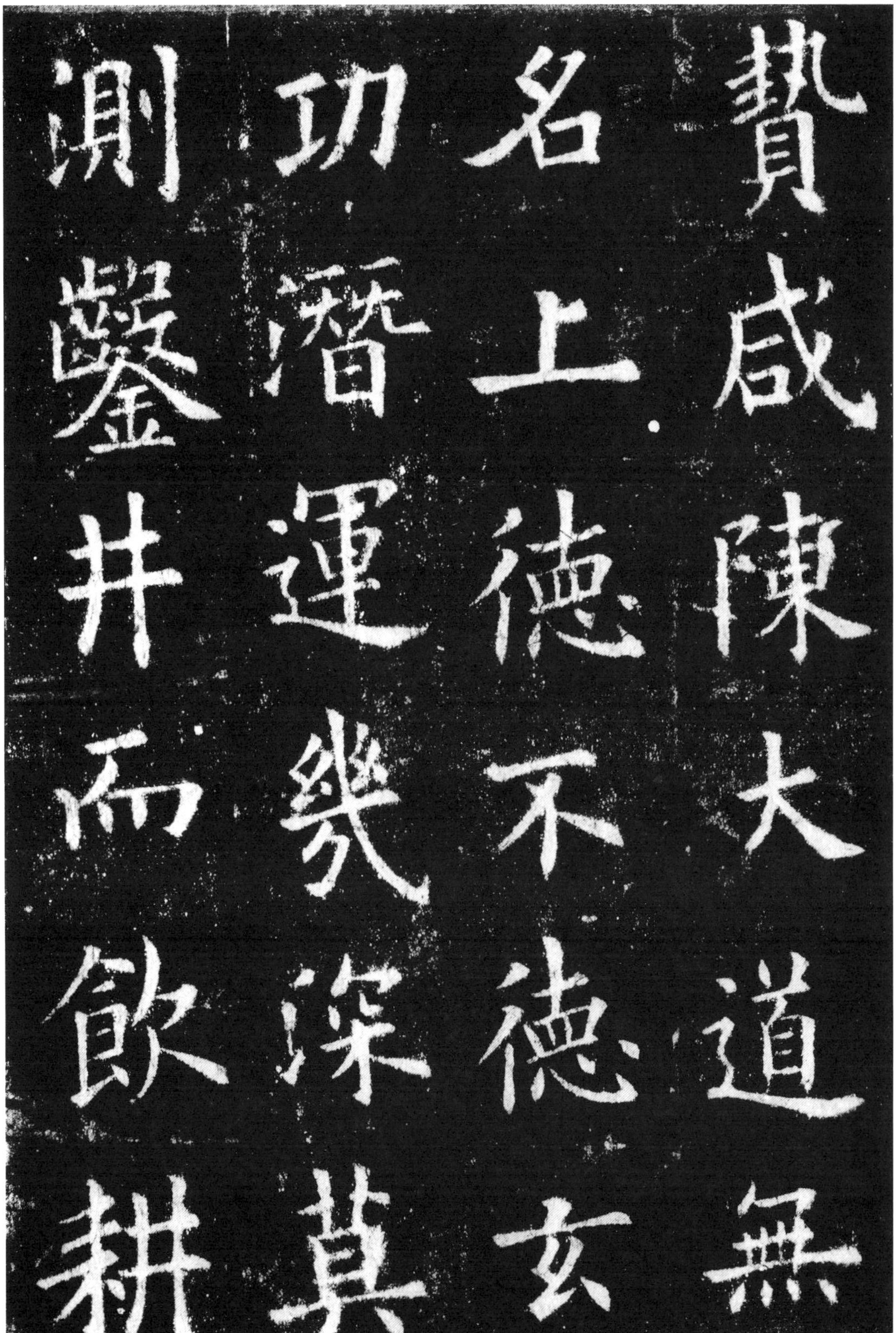

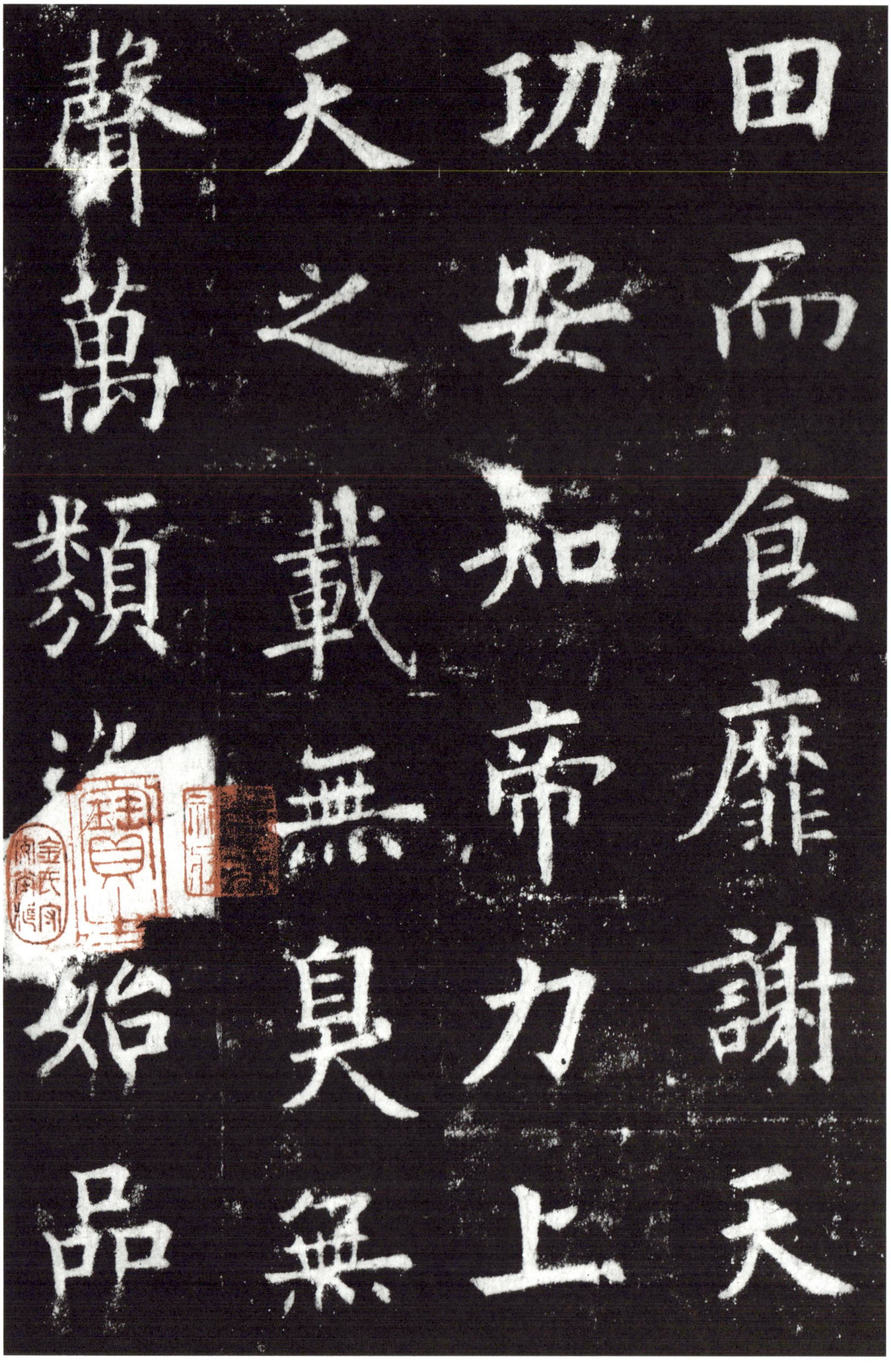

田而食靡谢天　功安知帝力上　天之载无臭无　声万类资始品

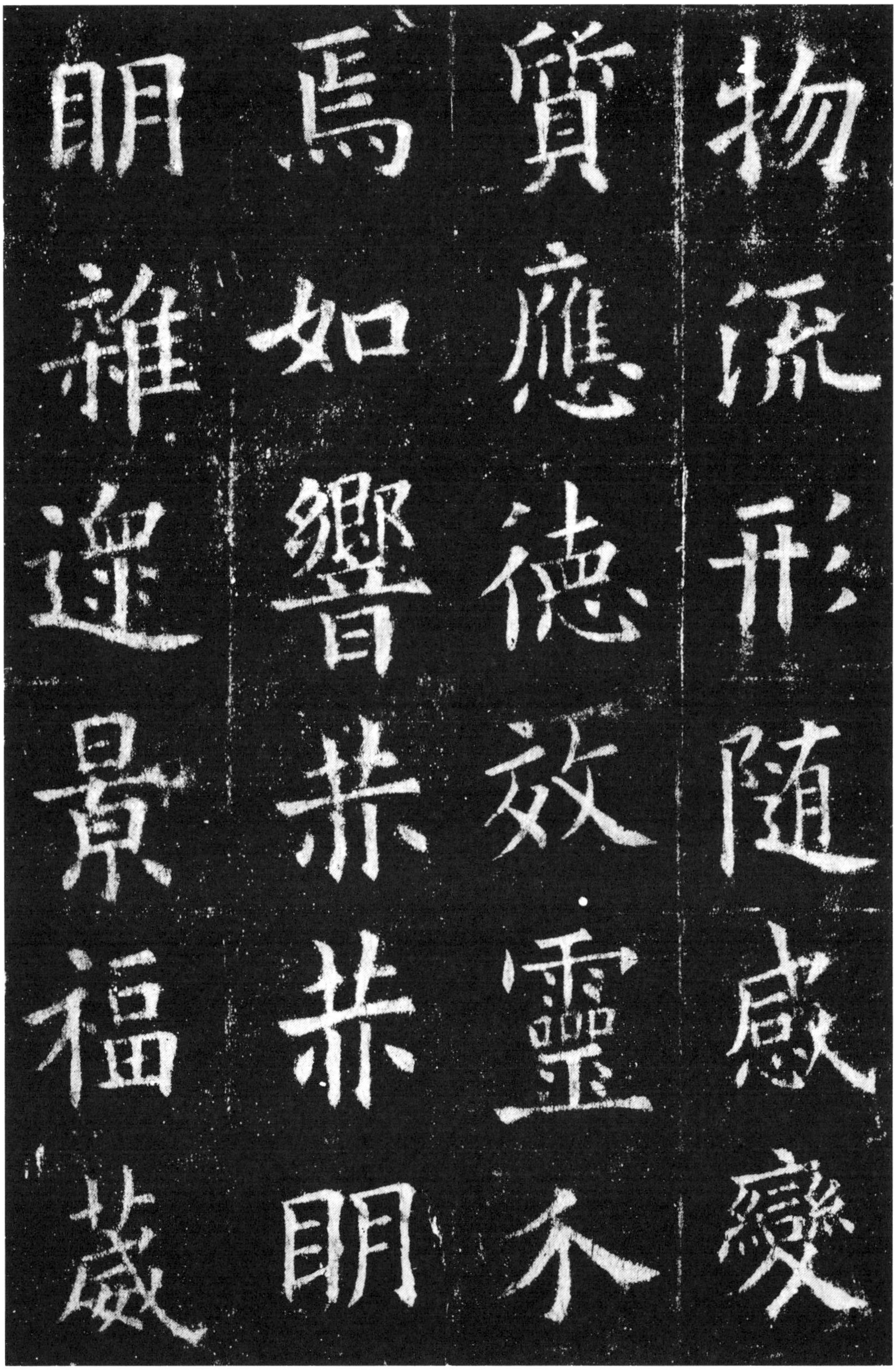

物流形随感变　质应德效灵介　焉如响赫赫明　明杂遝景福葳

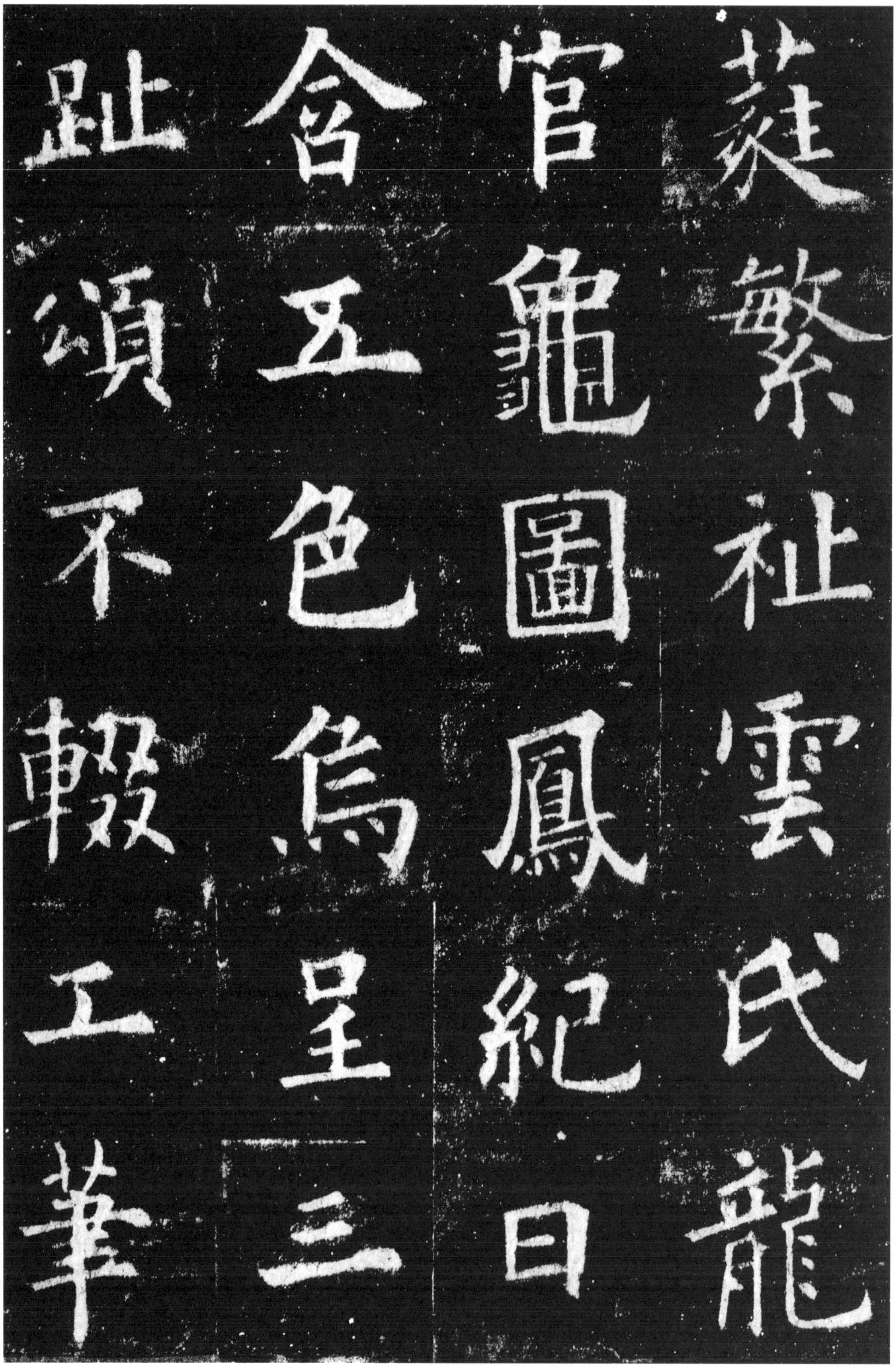

蕤繁祉云氏龙　官龟图凤纪日　含五色乌呈三　趾颂不辍工笔

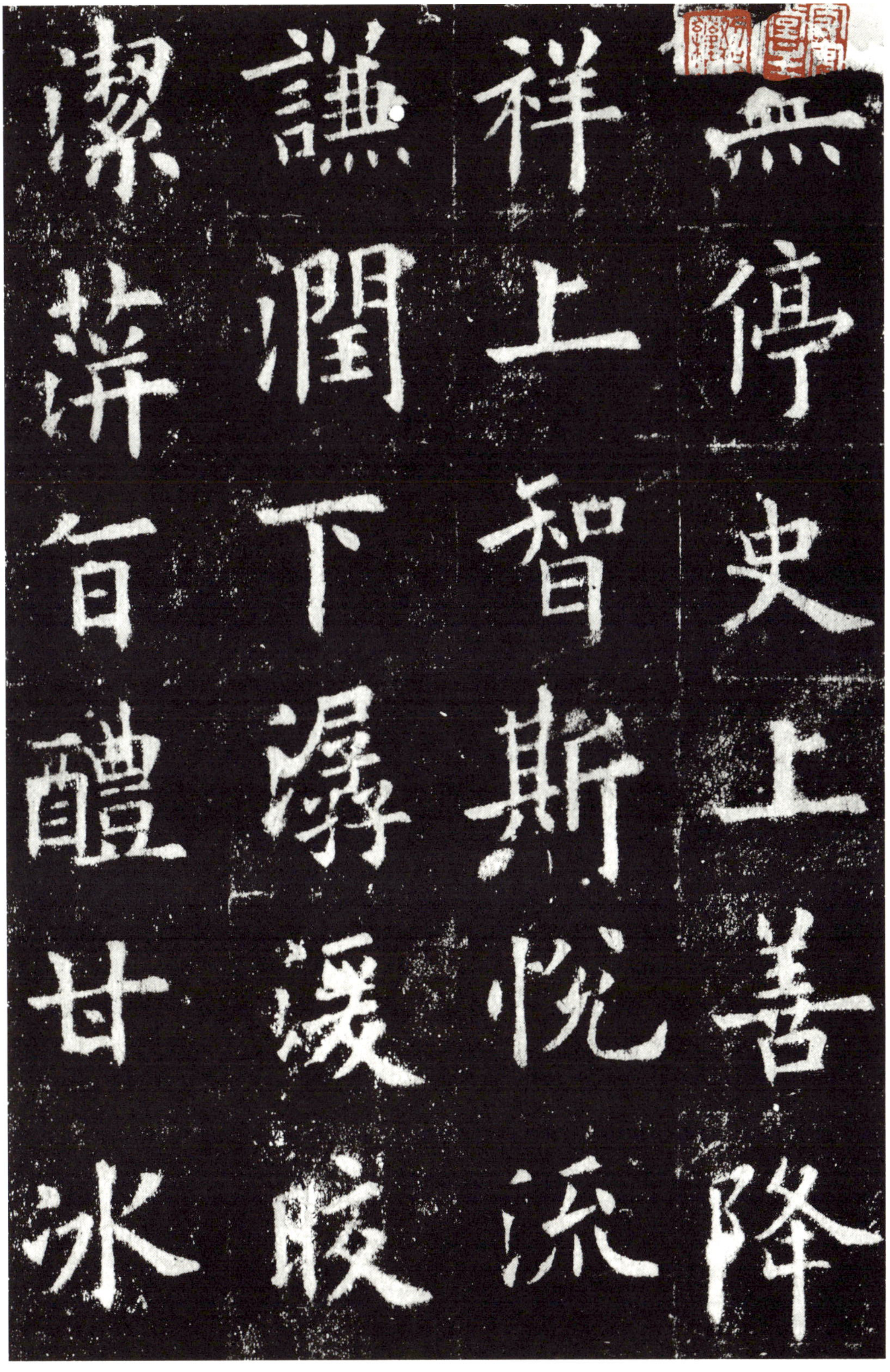
無停史上善降
祥上智斯悅流
謙潤下潺湲皎
潔萍旨醴甘冰

无停史上善降　祥上智斯悦流　谦润下潺湲皎　洁萍旨醴甘冰

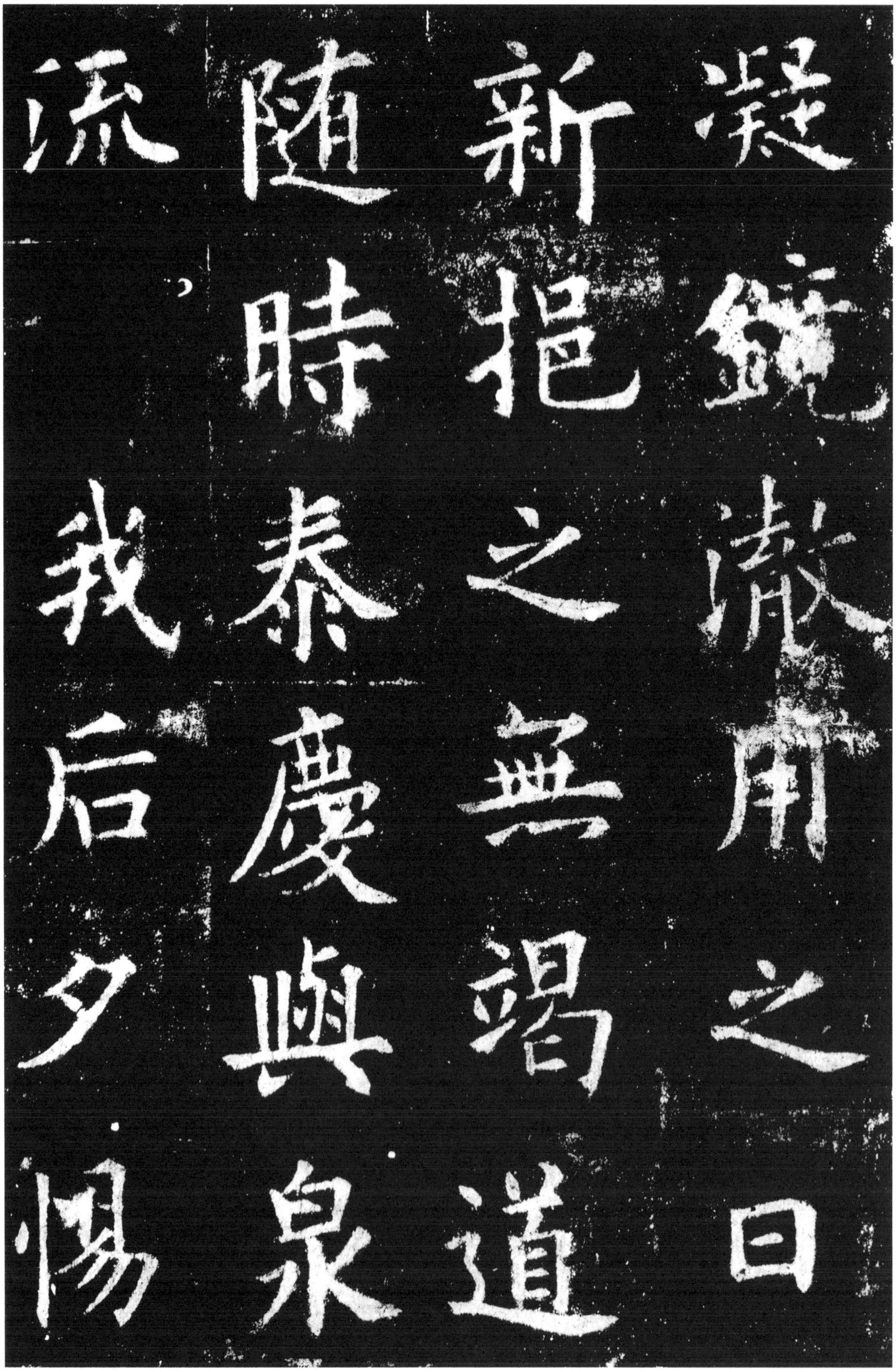

凝镜澈用之日　新挹之无竭道　随时泰庆与泉　流我后夕惕

虽休弗休居崇　茅宇乐不般游　黄屋非贵天下　为忧人玩其华

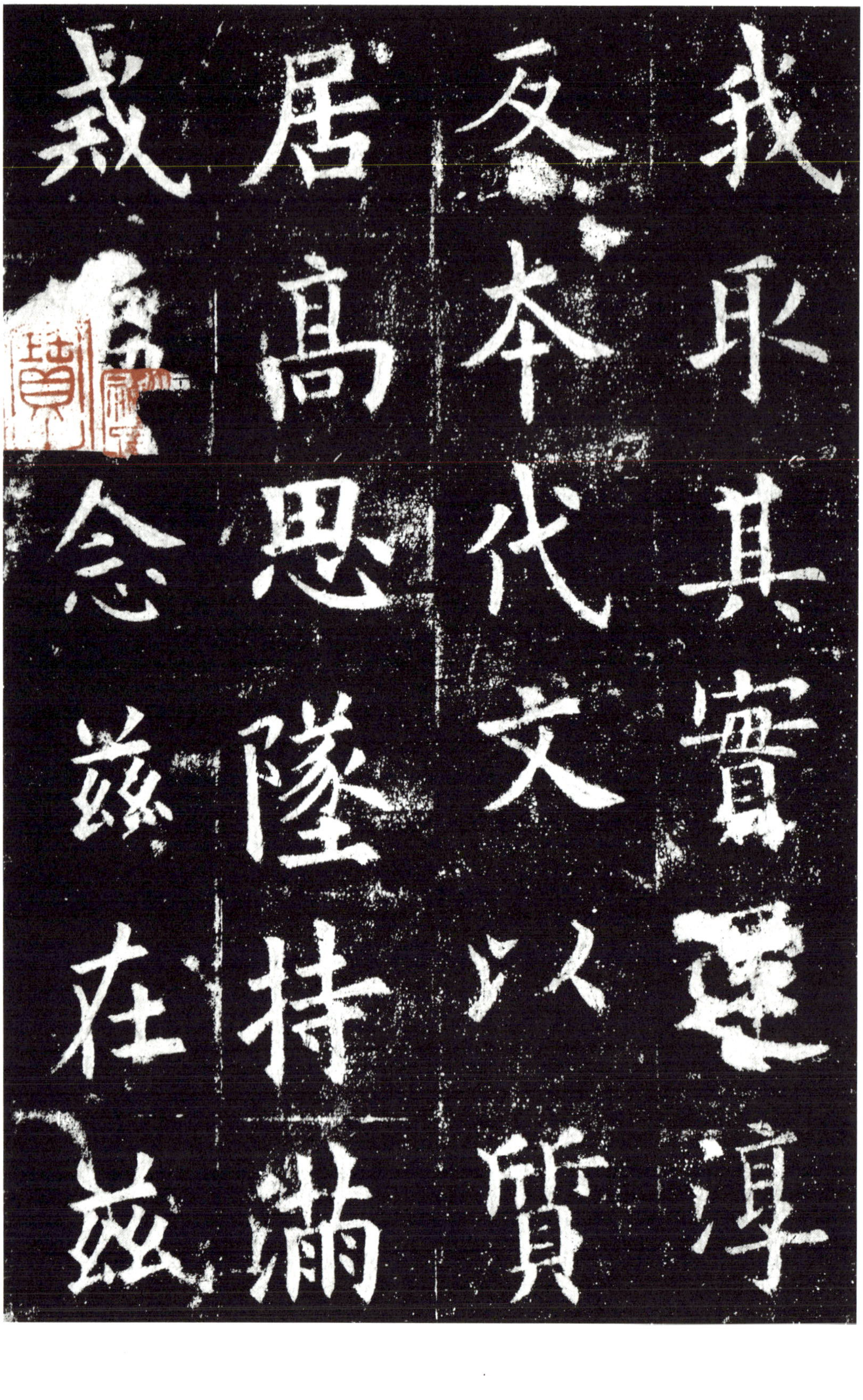

我取其实还淳　反本代文以质　居高思坠持满　戒（溢）念兹在兹

永保貞吉

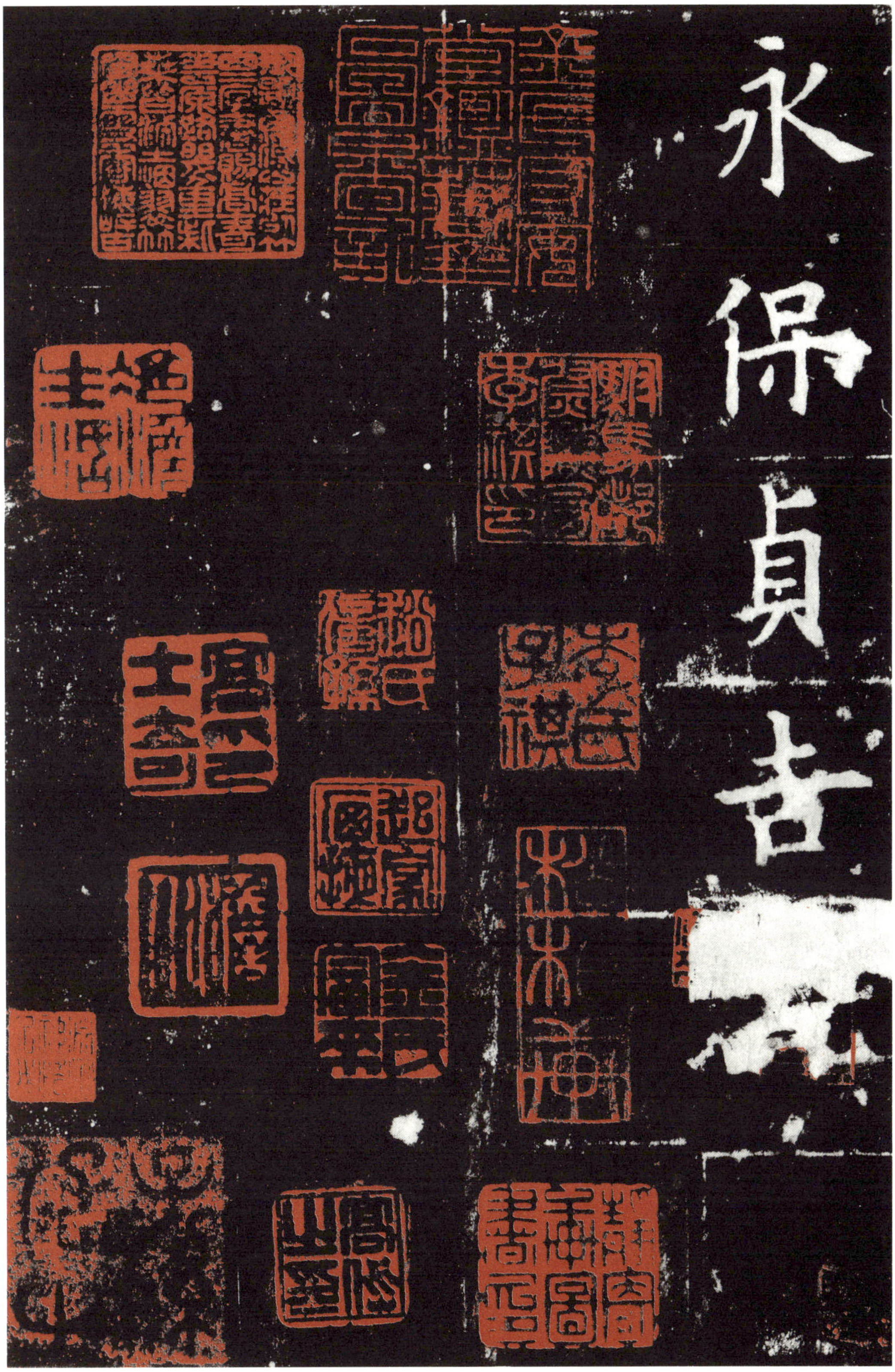

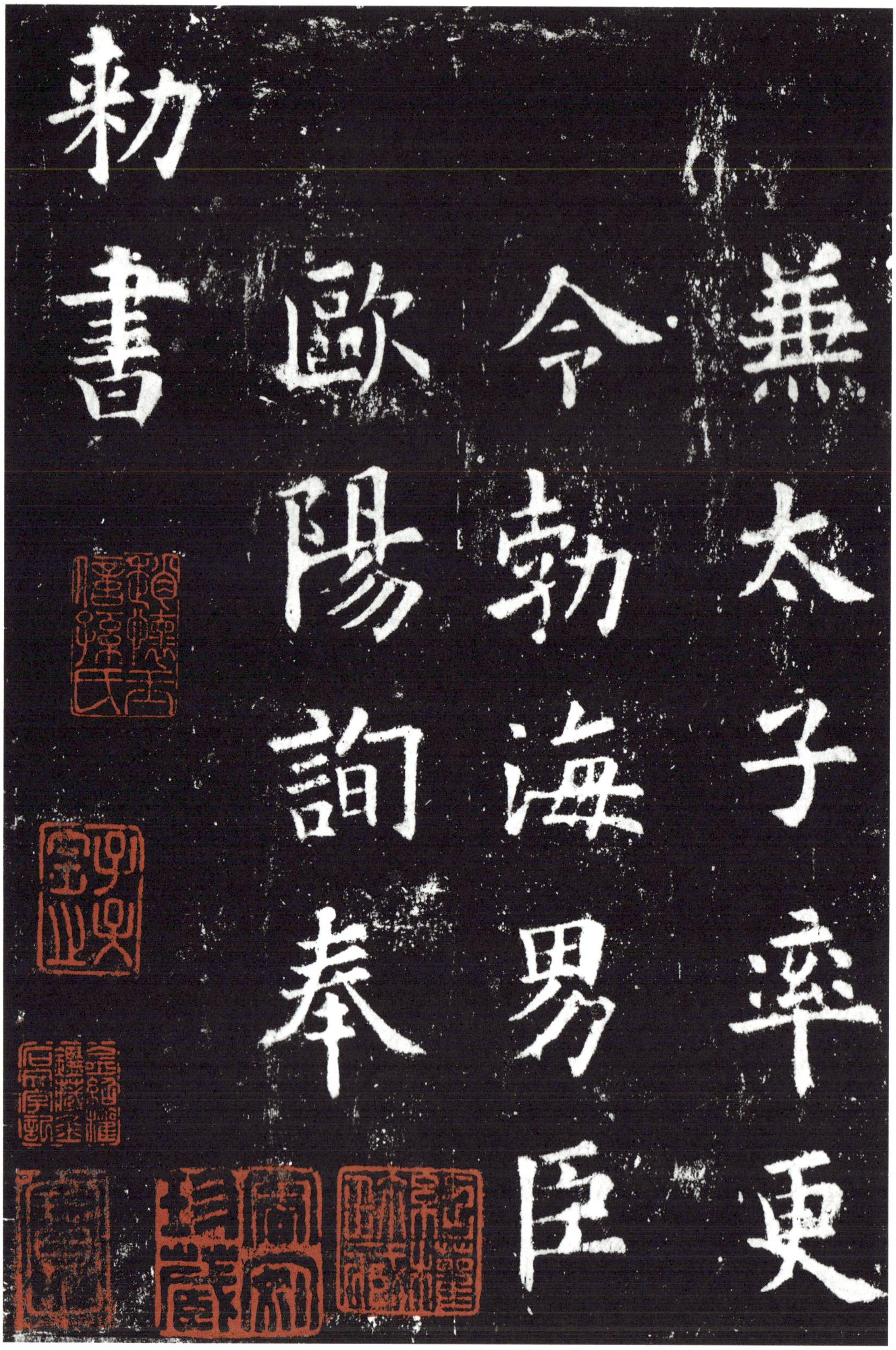

兼太子率更　令勃海男臣　欧阳询奉　敕书